基于CGE模型的税收调节居民收入分配问题研究

李宝锋 著

Research on the Effects of Taxation Regulation of Residents' Income Distribution Based on CGE Model

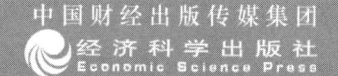

中国财经出版传媒集团
经济科学出版社
Economic Science Press

图书在版编目（CIP）数据

基于 CGE 模型的税收调节居民收入分配问题研究/李宝锋著.
—北京：经济科学出版社，2020.7
ISBN 978 - 7 - 5141 - 2807 - 9

Ⅰ.①基⋯　Ⅱ.①李⋯　Ⅲ.①税收调节 - 居民收入 - 收入分配 - 研究 - 中国　Ⅳ.①F812.423②F126.2

中国版本图书馆 CIP 数据核字（2020）第 086855 号

责任编辑：周秀霞
责任校对：蒋子明
责任印制：李　鹏　范　艳

基于 CGE 模型的税收调节居民收入分配问题研究

李宝锋　著

经济科学出版社出版、发行　新华书店经销
社址：北京市海淀区阜成路甲 28 号　邮编：100142
总编部电话：010 - 88191217　发行部电话：010 - 88191522
网址：www.esp.com.cn
电子邮箱：esp@esp.com.cn
天猫网店：经济科学出版社旗舰店
网址：http://jjkxcbs.tmall.com
北京季蜂印刷有限公司印装
710×1000　16 开　15 印张　210000 字
2020 年 10 月第 1 版　2020 年 10 月第 1 次印刷
ISBN 978 - 7 - 5141 - 2807 - 9　定价：66.00 元
（图书出现印装问题，本社负责调换。电话：010 - 88191510）
（版权所有　侵权必究　打击盗版　举报热线：010 - 88191661
QQ：2242791300　营销中心电话：010 - 88191537
电子邮箱：dbts@esp.com.cn）

前　言

　　经济增长和收入分配一直是经济学中两个最重要的研究主题。改革开放以来，我国经济年均增长速度达到9.5%，创造了整个人类经济发展史上的奇迹。然而，在经济快速增长的同时，居民收入差距却持续扩大，基尼系数长期居高不下，收入分配问题已成为新时代社会主要矛盾的重要表现之一。税收作为国家治理的重要工具，需要在调节居民收入分配方面发挥更大的作用。

　　我国税制是以间接税为主体，90%的税收来源于企业，税收对居民收入分配的调节效应难以把握。现有的研究主要运用经济计量分析、投入产出分析、局部均衡分析等方法，这些方法通常假定：间接税完全通过应税产品价格上升转嫁到消费者身上；个人所得税不能转嫁，其税负完全由纳税人承担；企业所得税要么假定不能转嫁，其税负完全由资本所有者承担，要么假定可以转嫁，按照设定的比例由资本所有者、劳动者和消费者共同承担。对税负转嫁进行主观假定，往往不符合税收归宿的实际情况，不能准确测算居民税收负担的确切情况，也不能全面分析税收对居民收入分配的调节效应。

　　根据一般均衡理论，所有税种的税负都是可以转嫁的，税种的课征或税率的调整，一方面影响劳动和资本要素的供求和价格，从而对居民收入产生来源端的收入效应，另一方面影响产品的供求和价格，从而对居民收入产生支出端的消费效应。可计算一般均衡模型（CGE）是基于一般均衡理论、宏观经济结构关系和国民经济核算数据而建立起来的一套全景描述经济系统运行的数量模拟系统，可以综合反映税收与整个经济系统的联锁关系（linkage），能够准确模拟税收对要素及产品价格的影响。本书构建税收调节居民收入分配的CGE模型，编制涵盖所有税种和异质性居民的社会核算矩阵，模拟分析现行税制下各单个税种、间接税整体、直接税整体、所有税种整体及营改增对居民收入分配的影响，测算各自对居民收入分配的收入效应、消费效应和整体效应。在此基础上，分析我国税收调节居民收入分配存在的现实问题及内在原因，提出增强居民收入分配调节效应的税制改革对策。

在吸收前人研究成果的基础上，本书的创新之处主要有：

(1) 编制涵盖所有税种和异质性居民的社会核算矩阵，为研究税收调节居民收入分配提供数据基础。

(2) 构建CGE模型，为研究税收调节居民收入分配的整体效应提供最关键的分析方法和技术支持。CGE模型能准确测算税收政策调整对各类产品和要素价格的影响，是研究税收调节居民收入分配的收入效应和消费效应的关键。根据我国现行税种的特点和征收环节，将所有税种内嵌于CGE模型之中，并在模型中反映各组居民收支情况，从而构建了税收调节居民收入分配的CGE模型。

(3) 分解税收调节居民收入分配的收入效应和消费效应，制定测算方法，为研究税收调节居民收入分配搭建分析测算框架。根据 CGE 模型模拟结果，以市场收入与实际收入的差异反映收入效应，以实际收入与真实收入的差异反映消费效应，以 MT 指数和税收累进性指数 P 作为衡量指标，整体分析税收对居民收入分配的调节效应。

目 录

第1章 绪论 ·· 1

  1.1 研究背景和研究意义 ································ 1
  1.2 国内外文献综述 ···································· 6
  1.3 研究思路、内容和方法 ······························ 20
  1.4 创新与不足 ·· 24

第2章 基于CGE模型的税收调节居民收入分配的理论基础 ········ 26

  2.1 基于国民收入分配的税收对居民收入分配的调节作用 ······ 26
  2.2 基于一般均衡理论的税收调节居民收入分配的作用机理 ···· 31
  2.3 收入分配及税收再分配效应的度量方法 ·················· 37
  2.4 可计算一般均衡（CGE）模型理论 ····················· 46

第3章 改革开放以来税收参与及调节收入分配的演变过程 ········ 51

  3.1 改革开放以来我国税制改革历程回顾 ···················· 51

3.2 间接税参与及调节收入初次分配的演变过程……………… 55
3.3 直接税参与及调节收入再分配的演变过程……………… 62

第4章 税收调节居民收入分配的 CGE 模型构建
       及数据基础……………………………………………… 68
4.1 税收调节居民收入分配的 CGE 模型的构建 …………… 68
4.2 中国社会核算矩阵（SAM）的编制 …………………… 75
4.3 参数的校准和设定 ………………………………………… 92

第5章 基于 CGE 模型的税收调节居民收入分配效应
       测算分析………………………………………………… 95
5.1 基于 CGE 模型的间接税调节居民收入分配效应
    测算分析…………………………………………………… 95
5.2 基于 CGE 模型的直接税调节居民收入分配效应
    测算分析…………………………………………………… 135
5.3 基于 CGE 模型的税收整体调节居民收入分配效应
    测算分析…………………………………………………… 154
5.4 基于 CGE 模型的营改增调节居民收入分配效应
    测算分析…………………………………………………… 161

第6章 我国税收调节居民收入分配存在的问题
       及原因分析……………………………………………… 170
6.1 我国税收调节居民收入分配存在的问题 ……………… 170
6.2 我国税收调节居民收入分配存在问题的原因分析 …… 178

第7章 增强居民收入分配调节效应的税制
       改革对策………………………………………………… 187
7.1 增强居民收入分配调节效应的税制改革的原则定位
    与总体方向………………………………………………… 187

7.2　增强居民收入分配调节效应的税制改革的
　　　　具体措施 ·· 189

结论 ·· 201
附录 ·· 203
参考文献 ·· 216

第 1 章

绪　　论

1.1　研究背景和研究意义

1.1.1　研究背景

经济增长和收入分配一直是经济学中两个最重要的研究主题。改革开放以来，我国经济年均增长速度达到了 9.5%[①]，创造了整个人类经济发展史上的奇迹。从经济总量来看，我国早在 2009 年超过了德国，成为世界最大的出口国；在 2010 年超越日本，成为世界第二大经济体；在 2013 年贸易总量超过了美国，成为世界第一大货物贸易国。从人均 GDP 来看，1978 年不到 200 美元，而 2018 年接近 1 万美元，居于中高收入国家行列，占世界 1/5 的人口从温饱不足迈向全面小康，生活水平得到了极大的提升。

然而，在国民收入"蛋糕"迅速做大的同时，居民收入分配出现了严重的问题，居民收入在整个国民收入分配中的比重过低，劳动者报酬在要素分配中的比重过低，个人收入分配差距过大。根据国家统计局公布的数据，2003 年以来我国基尼系数一直维持在高位，

---

① http://www.stats.gov.cn/ztjc/ztfx/ggkf40n/201808/t20180827_1619235.html.

2008年达到了0.491，近些年虽有所降低，但也在0.46以上，且2016年以来又有回升趋势。李实（2011，2017，2018）、王小鲁（2010）等学者的研究表明实际基尼系数可能更高。北京大学中国社会科学调查中心发布的《中国民生发展报告2014》指出，2012年我国家庭净财产的基尼系数达到0.73，顶端1%的家庭占有全国1/3以上的财产。世界银行数据库收集了2013年世界上72个国家和地区的基尼系数，平均值为0.364，我国为0.473，排名第9位[①]。联合国开发计划署出版的《2016年人类发展报告》显示，中国处在收入差距最大的前15%的国家之中。

党的十九大报告指出："中国特色社会主义进入新时代，我国社会主要矛盾已经转化为人民日益增长的美好生活需要和不平衡不充分的发展之间的矛盾。""发展不平衡不充分的一些突出问题尚未解决，城乡区域发展和收入分配差距依然较大。"收入分配既是生产的终点，也是再生产的起点。居民收入差距的持续扩大，除了严重影响社会稳定，就经济发展本身来说，还会制约消费，遏制需求，最终影响经济的持续稳定发展。由于市场失灵的存在，市场初次分配本身不能解决收入分配差距持续扩大问题，还需依靠政府的再分配。党的十八大报告指出，"必须深化收入分配制度改革，加快健全以税收、社会保障、转移支付为主要手段的再分配调节机制"。党的十九大报告中也明确提出"履行好政府再分配调节职能"，"缩小收入分配差距"，"促进收入分配更合理，更有序"。

随着国家治理现代化的推进，作为"国家治理的基础和重要支柱"的财政的重要组成部分，税收也应由"适应市场经济体制"到"匹配国家治理体系"，建立与国家治理体系和治理能力现代化相匹配的现代税收制度。在中国特色社会主义新时代，社会主要矛盾的转化决定了税收除了履行优化资源配置和促进经济稳定的职能以外，也应成为调节居民收入分配的重要手段。高培勇（2006）认为税收是政府掌握的最适宜于市场经济环境的调节贫富差距的手段，应该将税

---

① https：//data.worldbank.org/indicator/SI.POV.GINI？view=chart.

收调节功能融入税制体系建设，让税制体系真正担当起调节贫富差距、构建和谐社会的重任。

而我国现行税收制度和税制结构在调节收入分配方面却存在无能为力，甚至是反向调节的问题。我国70%的税收收入来自间接税，直接税不到30%。而直接税中又以企业所得税为主，个人所得税收入虽增速较快，但2018年占税收总收入的比重也只有8%。占税收总收入70%的间接税是作为价格的构成要素而嵌入各种商品和要素的价格之中，形成"价格通道税"。占税收总收入90%以上的间接税和企业所得税的纳税人是企业，形成"企业通道税"。以自然人为纳税义务人的税收只有个人所得税、部分车辆购置税和车船税、少部分印花税和房产税等，占税收总收入的比重不到10%，可称为"难触个人税"。由于边际消费倾向递减，"价格通道税"往往使低收入群体承担更高的税负，加大贫富差距。"企业通道税"使政府着眼于居民收入分配所实施的税收调节，由于隔着企业这堵墙，在整体上难以触及居民个人，成效难料。个人所得税虽由自然人直接负担，但由于税制设置及税收征管等原因，也逐渐沦为工薪税。高培勇（2013，2015）认为，我国现行税制既无机制，又无渠道，基本不具备胜任调节收入分配使命的条件，存在着功能和作用"漏项"，系当下中国收入分配领域的"卡脖子"地带。税收对收入分配调节的有效性究竟能有多大，是一个难以解答的"世纪之谜"。

对于这个"世纪之谜"，我国学者进行了大量的研究。整体来说，定性分析较多而定量分析较少；经济计量分析较多而政策模拟测算较少；局部均衡分析较多而一般均衡分析较少。现有的研究主要运用经济计量分析、投入产出分析、局部均衡分析等方法，这些方法通常假定：间接税完全通过应税产品价格上升转嫁到消费者身上；个人所得税不能转嫁，其税负完全由纳税人承担；企业所得税要么假定不能转嫁，其税负全部由资本所有者承担，要么假定可以转嫁，按照设定的比例一部分由资本所有者承担，一部分通过降低工资转嫁到工人身上，还有一部分通过产品价格上升转嫁到消费者身上。根据一般均衡理论，所有税种的税负都是可以转嫁的，税种的课征或税率的调整,一方面影响劳动和资本要素的供求和价格,从而对居民收入产生来源端的收入效应,另一方面影响产品的供求和价格,从而对居民收入产生支出端的消费效应。对税负转嫁进行主观假定,不符合税收归宿的实际情况,不能准确测算居民税收负担的确切情况,也不能全面分析税收对居民收入分配的调节效应。

可计算一般均衡模型(computable general equilibrium,CGE)是基于一般均衡理论、宏观经济结构关系和国民经济核算数据而建立起来的一套全景描述经济系统运行的数量模拟系统,可以综合反映税收与整个经济系统的联锁关系(linkage)。该方法在国际上已成为流行的经济学和公共政策分析的一个主要工具,在税收负担及居民收入分配方面有大量应用,可以全面反映税收对收入分配的调节效应。近几年,我国个别学者也开始运用该方法分析税收的收入分配效应,但针对某一个或几个税种分析较多,涵盖所有税种综合分析的较少,不能反映税种之间的相互影响,没有体现该方法的一般性(general)。

本书构建税收调节居民收入分配的CGE模型,编制涵盖所有税种和异质性居民的社会核算矩阵,模拟分析了现行税制下各单个税种、间接税整体、直接税整体、所有税种整体及营改增的居民收入分配影响,测算了各自对居民收入分配的收入效应、消费效应和整体效应。在此基础上,结合税制改革历程及调节收入分配的演变过程,分析我国税收调节居民收入分配存在的现实问题及内在原因,提出增强居民收入分配调节效应的税制改革对策。

1.1.2 研究意义

1.1.2.1 理论意义

第一,编制涵盖所有税种和异质性居民的社会核算矩阵(social accounting matrix,SAM),为分析税收调节居民收入分配提供数据基础。

社会核算矩阵是用矩阵形式表示的一个简化而完整的对一个国家经济状况进行整体性描述的国民经济核算体系，是一个综合的宏观经济数据框架，是CGE模型的数据基础。社会核算矩阵理论上可以包含国民经济核算的所有流量账户数据，把投入产出表、国民收入与支出流量表、金融与投资流量表、国际收入平衡表中不同类型账户、部门放在一张矩阵式国民经济综合平衡表中整体考察，能清晰明了地反映部门之间的交叉关系。社会核算矩阵不仅是一个综合数据框架，还可以根据研究需要对机构部门等账户进行分解。本书的社会核算矩阵涵盖我国现行的所有税种，将居民部门分为城镇居民和农村居民两大类，又根据收入高低将城镇居民分为7组，将农村居民分为5组，建立各具体税种税收收入与异质性居民收支之间的分析框架，为通过CGE模型分析税收的收入分配效应提供核算的数据基础。

第二，构建税收调节居民收入分配的CGE模型，从方法上有助于全面测算分析税收对居民收入分配的调节效应。

税收负担分析已经成为税收政策制定和改革过程的标准信息，是税收政策改革和辩论的基础（Acrostic & Nuns，2009）。国内关于税收归宿及税收调节收入分配的研究整体来说，以定性分析较多而定量分析较少；经验数据回归较多而政策模拟测算较少；投入产出模型分析较多而一般均衡分析较少；针对某一个（几个）税种的分析较多，在一般均衡框架下涵盖所有税种整体分析较少。CGE模型能够准确模拟税收政策调整对各类产品和要素价格的影响，是研究税收调节居民收入分配的收入效应和消费效应的关键。本书构建CGE模型，对税收调节居民收入分配问题进行整体研究，从方法上有助于全面测算税收对居民收入分配的调节效应。

第三，分解税收调节居民收入分配的收入效应和消费效应，制定测算方法，分析影响因素，构建税收调节收入分配效应测算分析框架，有助于对税收调节居民收入分配效应作用机理有更全面深入的把握。

根据CGE模型模拟结果，以市场收入与实际收入的差异反映收入效应，以实际收入与真实收入的差异反映消费效应，以MT指数和税收累进性指数 P 作为衡量指标,整体分析税收对居民收入分配的调节效应。收入结构是影响税收调节居民收入分配收入效应的主要因素;消费结构及边际消费倾向是影响税收调节居民收入分配消费效应的主要因素。

1.1.2.2 现实意义

第一,基于 CGE 模型模拟分析现行税制下各个税种及税收整体的居民收入分配调节效应,有助于准确掌握不同居民税收负担的具体情况,为深化税制改革提供研究基础。

本书编制涵盖所有税种和异质性居民的社会核算矩阵,运用 CGE 模型分析我国各个税种、间接税整体、直接税整体和所有税种整体的居民收入分配调节效应。这有助于对我国税收调节居民收入分配的实际效果有更深入的理解,为税制改革的方向及具体方案提供研究基础。

第二,分析税收调节居民收入分配存在的问题及原因,提出增强居民收入分配调节效应的税制改革对策,为进一步税制改革提供理论参考。

通过对我国现行税制调节收入分配的作用机理及实际效果的测算分析,指出现行税制存在的问题,分析其内在的原因。在此基础上提出进一步税制改革的思路和建议。本研究将有助于税收政策制定的科学性、合理性,对进一步税制改革提供有益的研究参考。

1.2 国内外文献综述

1.2.1 国外文献综述

1.2.1.1 国外收入分配研究

亚当·斯密和大卫·李嘉图是古典政治经济学的集大成者。收入分配理论是斯密经济思想的核心，也是按生产要素贡献分配产出的思想基础。他认为通过劳动、资本、土地三种要素投入生产过程，产出国民收入，可以分解为土地地租、劳动工资和资本利润三部分。大卫·李嘉图坚持劳动价值论，认为所有价值都是劳动创造的，工资只占商品价值的一部分，利润和地租是超过工资的价值，也就是说资本家和地主的收入都是工人创造的。

卡尔·马克思（Karl Marx）发展了李嘉图的劳动价值论，认为劳动者的劳动创造的价值比劳动力自身的价值更大，也就是创造了剩余价值。剩余价值转化为资本形成资本积累，资本的不断积累会导致资本积聚和集中在少数资本家手中，使收入分配差距越来越大。资本主义的发展必然导致越来越严重的收入不平等，进而引发各种社会矛盾，产生资本主义社会危机。

马歇尔是新古典经济学创始人，他将生产的三要素扩展为劳动、资本、土地和组织等生产四要素，认为在竞争性市场条件下，土地、资本、劳动和组织四种生产要素都是商品，每个要素的供求均衡价格是收入分配份额的决定因素。

20世纪初，随着西方社会阶级矛盾和经济矛盾日益尖锐，福利经济学应运而生。旧福利经济学代表人物庇古提出"收入均等理论"，将边际效用递减规律用于收入分配问题研究，认为收入差距过大会导致社会整体福利水平的降低。政府应通过一些措施调节贫富差距来增加货币的边际效用，增加社会满足总量，从而增加社会福利。新福利经济学代表人物为卡尔多、希克斯和萨缪尔森等，该学派认为序数效用论优于基数效用论。萨缪尔森提出了"社会福利函数"，认为社会福利的主要目标包括了经济效率与收入公平分配，应兼顾公平与效率。

库兹涅茨（1955）认为随着经济增长和技术进步，收入差距会逐渐降低，提出经济增长与收入分配的关系呈倒"U"形曲线。通过对美、英、德等发达国家家庭收入研究发现，城市化和工业化早期收入差距逐渐上升，之后会逐渐缩小。直接税、政府补贴等再分配政策会促使收入差距降低。

20世纪80年代以来,新增长理论使收入分配问题得到了更广泛的关注,包括经济、政治、社会稳定和市场规模等与收入分配的关系都得到了深入的研究。墨菲等（Murphy et al., 1989）提出收入分配的"大推动（big push）"理论,认为收入分配通过市场规模影响经济增长。阿雷娜和罗德里克（Alesina & Rodrik, 1991）运用包含财政支出的内生增长模型研究了收入分配对经济增长的影响。泊松和塔贝里尼（Persson & Tabellini, 1994）使用OLG（over lapping generations）模型研究发现,初始收入分配的不平等及转移支付率的提高都会影响经济增长率。佩罗蒂（Perotti, 1996）指出收入不平等会影响社会政治稳定、生育率和教育投资,这些都会抑制经济增长。布吉尼翁（Bourguignon, 2003）认为经济增长、收入分配与贫困之间互相影响。经济增长能减少绝对贫困,不一定能改善收入分配。政府可通过再分配政策减少绝对贫困,缩小收入分配差距。巴罗（Barro, 2000）研究发现,对较贫穷的国家来说,收入差距会阻碍经济增长；对较富裕的国家来说,收入差距则会促进经济增长；对所有国家来说,收入差距与经济增长之间不存在显著的相关关系。本杰明（Benjamin, 2006）选取中国100个村的1986～1999年数据来分析居民家庭收入差距与收入增长之间的关系,研究发现收入差距与收入增长之间显著负相关。

2014年初皮凯蒂的《21世纪资本论》问世引发了关于收入分配的讨论热潮。皮凯蒂认为1914～1945年间发达国家收入差距下降是由两次世界大战引起的,此后收入差距呈不断上升的趋势,与库兹涅茨倒"U"假说不符。他研究发现资本回报率与财产规模成正比,占有财富越多,投资回报越高,财富集中存在自我强化机制,收入分配差距有不断恶化趋势,应当在全球范围内课征财富税。

1.2.1.2 国外税收调节收入分配研究

（1）具体税种的调节收入分配效应。多数学者认为间接税一般呈累退性。奥克纳和佩奇曼（Okner & Pechman, 1974）指出美国的营业税和消费税具有显著的累退性。布朗（Brown, 2000）对英国

1975～1986年数据分析发现，英国的增值税增大了收入的不平等程度。安提格等（Altig et al.，2001）运用美国税收与收入分配数据研究发现，如果采用增值税取代现行销售税，个人长期收入将提高9%左右，与一般销售税相比，增值税的累进性要弱很多。格林伯格（Grinberg，2006）研究发现，通过对生活必需品征收低税率、对奢侈品课征高税率，可消除增值税的累退性，使之具有累进性。

学者大多认为直接税呈累进性。瓦格斯塔夫（Wagstaff，1999）研究发现个人所得税使12个经合组织国家的平均基尼系数下降了0.033，从税前的0.329降低到税后的0.296。佩奇曼（Pechman，2012）认为美国个人所得税和公司所得税均呈累进性，劳动所得承担的个人所得税负担远高于财产所得承担的企业所得税负担。

（2）税制整体的调节收入分配效应。伯德和佐尔特（Bird & Zolt，2005）研究发现发展中国家税制结构多以累退的消费税为主体，低效率的税收管理与腐败问题较为普遍，个人所得税对收入分配调节作用有限。达伍迪等（Davoodi et al.，2007）发现近几十年来发展中国家税前收入分配差距比发达国家更大，税收没有起到遏制收入差距的作用。里克森（Rixen，2009）认为国家间税收竞争影响了国内税收制度的完整性，并使发达国家与发展中国家之间的不平等进一步恶化。

艾泽玛和金亚拉克（Aizenma & Jinjarak，2012）根据50个国家数据研究发现，收入不平等和税基负相关，税基减少GDP的2%会使基尼系数相应增加1%，拓宽税基能逐步缩减收入不平等。

吉姆和兰伯特（Kim & Lambert，2009）指出美国税收和福利支出共同降低了30%的市场收入不平等。吉姆（2013）研究发现美国最高边际税率由1980年的70%下降到2010年的40%，这可以解释2/3的最高收入不平等增加量。伊耶和雷克斯（Iyer & Reckers，2012）研究发现美国在1995年到2006年间，收入差距扩大，税收真实累进度显著下降。萨尔特等（Sarte et al.，2004）对税制累进性与收入分配的关系进行分析后发现，税制累进性程度的降低会导致有耐心的投资家庭与没有耐心的投资家庭之间收入出现两极分化。

(3)收入不平等对税收的"逆调节"效应。一些学者研究了收入差距对税制结构的反作用。博尔奇和拉特索（Borge & Rattso, 2004）研究发现初始收入分配影响税收结构，均等的收入分配使税制结构从财产税转向人头税，收入分配不公平使税制结构从人头税转向财产税。尼克曼和托奇（Neckerman & Torche, 2007）研究发现严重的收入差距会使中位投票者从再分配中获益更多，从而会更加支持税收、社会福利支出以及其他再分配项目。弗兰科（Franko, 2013）研究发现收入差距越大，选民越支持"劫富济贫"式的税收政策。亚当（Adam, 2015）研究表明收入不平等程度越高，政府对资本税依赖度越高，对劳动税依赖度越低。

还有些学者研究了收入不平等对税收遵从的影响。布卢姆奎斯特（Bloomquist, 2003）研究发现收入不平等与逃税规模正相关，高收入者资本性收入较高，更易逃税。收入不平等程度越高，逃税动机越强烈，税收遵从度越低。塞奎蒂等（Cerqueti et al., 2014）通过构建不完全信息博弈模型分析发现，收入不平等程度越低，税收督查越宽松，偷税漏税机会越多，税收遵从度越低；收入不平等程度越高，税收督查越严格，税收遵从度越高。

1.2.1.3 国外税收 CGE 模型研究

可计算一般均衡模型是建立在一般均衡理论基础上的一种分析研究方法。列昂·瓦尔拉斯（Leon Walras）最早提出一般均衡概念，阿罗（Arrow）和德布鲁（Debreu）证明了一般均衡解的存在，CGE日益得到广泛的应用。

税收内嵌于国民经济之中，CGE模型能综合反映税收与整个经济系统之间的联锁关系，在税收政策及管理领域得到了广泛应用。

20世纪50年代，马斯格雷夫首先将一般均衡理论引入税收研究领域。哈伯格（1962）建立了一个两部门和两要素的静态理论模型，用于分析美国公司所得税的税负分布。这被广泛认为是在税收领域应用一般均衡模型的先例，大多数后续研究均基于此。由于计算理论和计算技术的局限，该模型仅仅是理论模型，并未使用实际数据进行检验。

什文和维利（Shoven & Whalley，1972）构造了一个包含两部门两类居民的税收 CGE 模型，以分析税收对资本收益的影响。该模型仅含一种税收，称为 S－W 模型。维利（1975）构建了一个多税 CGE 模型以评价 1973 年英国税制改革的影响。凯勒（Keller，1980）利用荷兰数据，运用哈伯格模型考查税收的收入分配效应。

20 世纪 80 年代以后，出现了一些求解 CGE 模型的软件，如通用代数建模系统（General Algebraic Modeling System，GAMS）、一般均衡建模软件包（General Equilibrium Modeling Package，GEMP）等，计算能力大大增强，使税收 CGE 模型得到更广泛的应用。巴拉德等（Ballard et al.，1985）建立了动态税收 CGE 模型（又被称为 BFSW 模型），该模型允许消费者可以选择不同时期进行消费，跨期消费导致跨期储蓄、跨期投资，并最终影响收入分配。巴拉德等（1985）利用 BFSW 模型研究了美国公司所得与个人所得的双重征税问题。博文伯格（1985）构建了一个开放经济下两国动态模型，假设本国与外国产品完全可替代，当资本不可流动时，开放经济与封闭经济近似；当资本可流动时，开放经济比封闭经济效率损失更大。奥尔巴赫和科特里科夫（Auerbach & Kotlikoff，1987）构造政府收支可跨期平衡的税收 CGE，研究发现政府赤字具有短期挤出效应，减税引起的财政收入减少在长期可自我恢复；税收累进程度通过投资对经济效率产生影响。巴拉德等（1987）利用 CGE 模型评估了增值税的效率和税负归宿，探讨了美国实行增值税的可能性。

佩雷拉（Pereira，1988）构建跨期动态模型研究合并公司所得税与个人所得税对经济的影响，研究发现完全合并的长期福利增加不超过未来消费现值总和的 0.2%；部分合并的长期福利增加最大可达未来消费现值总和的 0.3%。拜伊和阿维特兰（Bye & Avitsland，2003）对挪威税改研究发现，提高房产税、降低所得税率将使福利有所增加。拉多列斯库（Radulescu，2010）构建动态 CGE 模型对 2008 年德国公司税改革进行了研究。巴拉德（2010）构建动态 CGE 模型分析了税收政策变动对消费者预期的影响。

近年来，越来越多的学者利用 CGE 模型结合微观家庭数据来研究税收对居民收入分配的影响。阿革诺耳等（Agenor et al.，2003）运用 CGE 模型研究了降低工资税等政策对摩洛哥失业的影响，结果显示短期更有效，长期需配套其他政策。奇蒂加等（Chitiga et al.，2007）运用 CGE 模型根据 14 006 户家庭数据分析了津巴布韦如果取消关税对贫困的影响，研究发现取消关税更有利于出口部门，贫困人口会下降，但整体收入差距很难得到改善。马尔东尼（Mardones，2011）运用 CGE 模型对智利税制改革进行了分析，认为降低增值税税率，提高所得税税率会使收入分配得到一定程度的改善。阿米尔等（Amir et al.，2013）运用 CGE 模型分析了印度尼西亚所得税改革，研究发现降低企业所得税和个人所得税会促进经济增长，但对高收入阶层更有利，会加大收入分配差距。劳施等（Rausch et al.，2011）利用 CGE 模型及美国 15 588 个微观家庭数据分析了美国实施碳税对居民收入分配的影响。克莱纳特等（Klenert et al.，2016）则进一步分析认为有效的税制设计可以使碳税具有累进性。弗里贝恩（Freebairn，2018）指出 CGE 模型对于量化分析税收的一般均衡效果具有明显优势，将税收和异质性居民纳入 CGE 模型是分析税收调节收入分配效应的有效方法。

1.2.2 国内文献综述

1.2.2.1 国内收入分配研究

20 世纪 80 年代后期开始，国内学者对收入分配问题进行了大量研究，主要集中在以下几个方面。

（1）中国收入分配差距现状研究。赵人伟、李实带领的北京师范大学中国收入分配研究院于 1988 年开始全国范围的住户收入调查，形成了 CHIP1988、CHIP1995、CHIP2002、CHIP2007 和 CHIP2013 五个年份的住户数据库，并估算了这些年份的基尼系数，结果显示基尼系数先升后降，1988 年为 0.395，1995 年为 0.456，2002 年为

0.460，2007 年为 0.486，逐年上升，而 2013 年的基尼系数为 0.433，有较大幅度的下降（李实、赵人伟，1999；李实、佐藤宏、史泰丽，2013；李实、史泰丽，2017）。

谢宇带领的北京大学社会科学调查中心开展了中国家庭追踪调查（CFPS），采集发布了 CFPS2010、CFPS2012、CFPS2014、CFPS2016 等四轮具有全国代表性的调查数据。坎波等（2017）利用 CFPS 数据，估计出 2012 年收入差距基尼系数比 2010 年的 0.53 下降近 3 个百分点，2014 年下降到 0.5 以下。

中国人民大学联合明尼苏达大学及香港科技大学进行了中国综合社会调查（CGSS），估算出我国基尼系数 2010 年为 0.545，2012 年下降到 0.539。

西南财经大学中国家庭金融调查与研究中心进行了中国家庭金融调查（CHFS），估算出基尼系数 2010 年为 0.615，2014 年为 0.604。

国家统计局于 2013 年首次公布了 2003~2012 年全国收入差距的基尼系数，以后逐年公布前一年的基尼系数。公布结果显示 2003 年为 0.479，之后逐年上升到 2008 年的 0.491，然后开始逐年下降，2015 年降为最低点 0.462，之后又有所上升，2017 年为 0.467。

不管是国家统计局公布的官方数据，还是各个研究机构的调查结果，都显示我国基尼系数在 2008 年之前是上升的，之后逐年呈下降趋势。李实、罗楚亮（2011）认为高收入人群样本不足使城镇内部收入、城乡收入差距和全国收入差距被较大程度的低估。而罗楚亮等（2017）利用公开曝光的高收入群体财富数据修正了 CHIP2007 和 CHIP2013 数据，结果显示 2013 年基尼系数为 0.557，较 2007 年不仅没有缩小，还有较大幅度的扩大。

（2）收入分配与经济发展的关系研究。

陆铭等（2005）研究发现从累积效应来看，收入差距始终对经济增长有负面影响。

王少平、欧阳志刚（2008）研究发现城乡收入差距对实际经济增长的效应 1978~1991 年为正，1992~1999 年由正向负平滑转换，1999 年后负效应逐年递增。

靳涛、邵红伟（2016）研究发现收入分配对经济增长的影响呈倒"U"形，即先增后减。

（3）居民收入差距扩大原因及对策研究。龚刚、杨光（2010）研究表明无限劳动力供给造成工资性收入上升速度低于国民收入增速，经济增长及生产率提高的收益大多转化为利润而非工资。而只有保持经济的高速增长，加快工业化和城市化进程，才能从根本上扭转中国收入分配恶化趋势。

莫亚琳、张志超（2011）研究表明财政支出增加会扩大收入差距，提高基尼系数；城市化进程会先恶化收入分配，之后会使收入分配逐渐改善。

陈钊等（2010）研究发现垄断行业收入迅速提高导致城镇居民收入差距越来越大，所有制、职业类型、教育及第二职业都会导致收入差距扩大。

夏庆杰、李实等（2012）利用历年CHIP城镇入户调查数据研究发现，国企就业份额下降会使城镇工资收入差距显著下降；而减员增效后国企工资大幅度上升使城镇工资收入差距显著上升。

郭庆旺、吕冰洋（2012）研究发现居民劳动收入差距远低于资本收入差距，国民收入中劳动要素分配份额下降造成城乡居民收入比和消费比扩大。

原鹏飞、冯蕾（2014）构建DCGE模型分析发现，房价上涨会使政府、企业和居民三部门收入都有所增长，但政府会获益最多；房价上涨会扩大城镇居民收入差距。

韩军等（2015）以1992年邓小平南方谈话和2001年中国加入WTO两事件作为衡量对外开放的外生变量，实证检验对外开放对中国收入分配的影响。研究发现南方谈话后的第一阶段对外开放一定程度上缩小了总体和城市内部的收入差距；入世后的第二阶段，城市高端和中端收入群体的收入差距有所扩大，而农村居民收入有了较大提高，对外开放对总体收入差距的影响并不显著。

蔡萌、岳希明（2016）利用历年CHIP数据研究发现，政府收入再分配政策失效是导致我国居民收入分配差距过大的主因，应加大转移支付等再分配政策力度以缓解居民收入不平等。

聂海峰、岳希明（2016）实证研究发现行业垄断是继教育水平之后职工工资差距的第二大决定因素，与职工年龄的影响程度大体相同，但明显大于其他因素。垄断行业高收入不仅导致职工工资差距的扩大，而且垄断行业高收入的不公正性以及垄断产品高价会导致广大消费者的福利减少，进一步加大收入分配差距。

李晓任、李实（2017）研究发现农村居民收入差距仍有所扩大，工资性收入和非农就业收入不平等是主因，教育不平等是主要影响因素，自有住房租金收入和财产性收入不平等将会使农村居民收入差距继续扩大。

洪银兴（2018）论述了改革开放40年来发展理念对收入分配的影响。认为富起来时代改革偏重效率，以按劳分配为主体多种分配方式并存，允许一部分地区和一部分人先富起来；进入强起来时代，要继续深化收入分配制度改革，根据社会主义共同富裕的要求，偏重于公平正义，缩小收入差距，使人民共享发展成果。

李实（2018）认为我国应进一步加大收入再分配政策的调节力度，进一步"履行好政府再分配调节职能"。提高税收对收入分配的调节力度，增加转移支付力度；完善社会保障制度，努力实现公共服务均等化，加大扶贫力度。

1.2.2.2 国内税收调节收入分配研究

20世纪90年代以来，随着我国居民收入差距日益扩大，税收调节收入分配的功能弱化问题逐渐受到更多学者的关注。

（1）税收调节收入分配的功能定位。高培勇（2006）认为税收是最适宜调节贫富差距的政策工具，应在税制改革中更多融入收入分配调节功能，加强税收对贫富差距的调节能力。安体富（2007）强调税收是调节收入分配的重要手段，论述了国民收入分配中税收对收入分配差距的调节作用。刘丽坚（2006，2008）指出现行税制存在调节收入分配方面功能弱化与缺位问题。应当调整税制结构，由流转税为主体转变为所得税为主体，加强税收征管。高培勇

(2013，2015)认为，我国现行税制既无机制，又无渠道，基本不具备胜任调节收入分配使命的条件，存在着功能和作用"漏项"，系当下中国收入分配领域的"卡脖子"地带。提出以增加自然人直接税为主要着力点，以现代税收征管机制转换为配套措施的政策主张，以税收改革奠基收入分配制度改革。蒋震、安体富和杨金亮(2016)认为改革开放之后到经济新常态之前，我国税收的主要职能是服务于经济增长大局，税制没有有效发挥收入分配调节作用。经济进入新常态后，按照供给侧管理的要求，应通过转变税制结构，强化税收在调节收入分配方面的作用。吕冰洋(2017)认为应当发挥税收在国民收入的再分配环节和积累环节的作用，调节居民收入和财富分配。

(2)税收调节收入分配效应分析。一些学者对间接税的税收归宿及调节收入分配效应进行了研究。刘怡和聂海峰(2004)最早利用微观数据分析城镇居民间接税的税收负担，研究发现增值税和消费税是累退的，营业税是累进的，整个间接税是接近比例负担的。该研究使用法定税率来计算税收负担，且没有考虑间接税转嫁的影响。平新乔等(2009)假定增值税及营业税全部转嫁给消费者，理论分析发现营业税比增值税对每一个消费群体产生的福利伤害程度更高。聂海峰和刘怡(2010)使用实际税率利用投入产出分析法研究城镇居民的间接税负担。发现从年度看各个税种均呈强累退性，从终身收入看所有税种累退性减弱，营业税呈累进性，资源税接近比例税率。聂海峰和岳希明(2012)利用投入产出方法进一步分析表明，在全国范围和城乡内部，间接税均呈累退性，加大了收入分配差距；在城乡之间，城镇居民税收负担高于农村居民，间接税降低了城乡之间收入差距。倪红福等(2016)首次在投入产出模型中引入增值税抵扣机制，分析发现在维持现行征管能力条件下，营改增会略微改善收入分配状况；如果征管能力大幅提升，将恶化收入分配状况。

有些学者对直接税调节收入分配效应进行了研究。王亚芬等(2007)认为2002年以后个税在调节收入分配中逐渐发挥作用。刘小川等（2008）运用卡克瓦尼累进性指数分析发现，地区间工薪所得方面个人所得税税负呈累进性，而在财产性与经营性所得方面个人所得税地区税负呈累退性，公平性存在较多缺失。徐建炜、马光荣和李实（2013）认为1997~2005年间个税平均有效税率上升，累进性逐年下降，收入分配效应有所增强。2006~2011年间个税平均有效税率下降，累进性提升，收入分配效应有所恶化。徐静和岳希明（2014）基于卡克瓦尼和兰伯特分解方法实证分析发现，我国个人所得税的不公平使其调节收入分配效应减弱了四分之一。刘扬等（2014）比较研究发现，美国个人所得税使不平等程度平均降低6%，我国为0.4%；我国低收入群体承担个人所得税等于或高于其收入份额。分类征收模式及个税的非主体税地位导致我国个税调节收入分配作用有限。徐静等（2018）分析发现，中国社会保障支出缩小了收入差距，但存在再分配效率不足，对部分人"分配过度"的现象。

还有些学者从税制结构角度研究收入分配问题。李绍荣和耿莹（2005）研究发现，流转税、所得税、资源税和财产税的增加均会扩大市场收入分配差距，而特定目的税和行为税的增加会缩小市场收入分配差距。郭庆旺和吕冰洋（2011）研究发现增值税会降低劳动要素分配份额而对资本要素影响不明显，营业税会降低资本要素分配份额而对劳动要素影响不明显，企业所得税会降低资本要素分配份额，个人所得税会降低劳动要素分配份额。岳希明等（2014）研究发现，我国税制整体是累退的，税收累退性对农村影响更大，消费税和个人所得税呈累进性。

（3）税收调节居民收入分配的政策建议。针对我国税收调节居民收入分配弱化，甚至是逆调节的问题，有些学者提出了相关建议。高培勇（2015）认为应在宏观税负水平稳定的前提下，降低间接税比重，增加直接税比重；减少企业法人纳税，增加居民个人纳税，从而建立一个融间接税和直接税、企业法人纳税与居民个人纳税为一体的大致均衡的税收体系。赵志君（2016）认为政府可以通过实施累进所得税、遗产税及其他政策缩小基尼系数，缓解社会初次分配所造成的收入差距过大。胡洪曙和王宝顺（2017）认为应当提高直接税及居民个人纳税比重，改革个人所得税制，构建财产税体系，提高税收征管信息化水平。贾康（2018）指出应通过税制改革进一步调节收入分配，逐步构建和完善直接税体系，进一步改革个税，尽快开征房产税，从中长期来看要研究开征遗产和赠与税。

1.2.2.3 国内税收CGE模型研究

随着CGE模型在国外的深入研究和广泛应用，国内学者对此也日益关注。徐滇庆（1988），冯珊（1989），翟凡、李善同和王直（1996），樊明太（1998）等较早运用CGE模型来研究中国问题。

税收问题是我国学者运用CGE模型研究的一个热点问题。翟凡等（1996）构建了一个递推动态CGE模型研究发现，贸易自由化后用累进个人所得税替代关税会降低基尼系数，减少收入分配差距，同时还能保持经济效率。王燕、徐滇庆等（2001）建立了一个包含多部门及异质性居民的CGE模型研究发现，增值税对支持养老金体系最有利。杨元伟、焦瑞进（2000）与加拿大工商研究院合作构建了一个中国CGE模型，用以分析税收政策调整对总产出、就业、税收负担及收入分配等方面的影响。王韬等（2000）建立了一个CGE模型分析发现，对资本征税后会引起资本从重税产业流向轻税产业。

虽然进行了一些探索，2000年之后相当长时间CGE模型并没有在我国各领域，特别是税收领域得到大量的运用，只有一些零星的文献出现。由于CGE模型要求研究者具备严格的现代经济理论基础、创新性的政策设计和分析技巧、系统完整的数据准备以及复杂的计算机编程能力，掌握该模型需要投入大量的时间来学习，这给CGE模型的运用带来了实际困难。张欣于2010年编写了一本系统介绍CGE模型原理和编程的教材，填补了学习CGE的入门教科书的空白。之后，以田志伟、汪昊为代表的一些学者运用CGE模型对我国税收问题进行了较为连续系统的研究。

石柱鲜（2011）构建CGE模型分析发现，降低间接税税率会显著提高城乡居民的要素收入和总收入。

田志伟和胡怡建（2013，2014）通过 CGE 模型研究发现，营改增短期内可通过税率设计使扩围行业税负平衡，同时会使税收收入减少，经济增长加速；长期来看部分行业税负可能会上升，同时税收收入增加，但经济增速不变。李昕凝和田志伟（2014）利用 CGE 模型分析了提高直接税比重三种方案的效果，研究发现三种方案均能显著降低居民收入分配差距，但对 GDP、居民总收入和居民总就业有负面影响。之后，田志伟等（2015a，2015b，2018）分别利用 CGE 模型研究了我国增值税、消费税、企业所得税及营改增的收入分配效应，发现差别税率间接税政策没有起到调节居民收入分配的作用，同时也损害了经济效率，营改增和企业所得税均有助于调节居民收入差距。

王韬等（2015）利用 CGE 模型研究发现，个人所得税中免征额的提高对调节收入分配作用有限，同时还会导致福利改善方面纵向的不公平，设定统一免征额不利于区域间横向公平。

汪昊（2016）通过构建 CGE 模型分析发现，营改增有助于改善收入分配，会使城镇和农村的基尼系数下降，全国基尼系数也会下降。认为降低食品和药品等生活必需品税率有助于降低增值税的累退性，进一步改善收入分配。汪昊、娄峰（2017a）运用 CGE 税收模型对中国 2010 年农村和城镇不同收入组居民负担的主要间接税进行测算，研究表明间接税负担方面农村居民重于城镇居民，来源端税负影响大于使用端。汪昊、娄峰（2017b）还以城乡居民调查数据和我国 2012 年投入产出表为基础编制社会核算矩阵并构建 CGE 模型来分析财政再分配效应，测算结果表明：我国财政再分配从整体上加大了居民收入分配差距，使全国基尼系数上升 2%，其中，间接税使基尼系数上升 4.9%，政府社会保障支出使基尼系数上升 1.3%。

张顺明、王彦一和王晖（2018）运用 CGE 模型分析发现，房产税将减少住房产出和需求，社会福利和国民收入将总体增加。

1.3 研究思路、内容和方法

1.3.1 研究思路

本书具体研究思路如图 1-1 所示。

```
                 绪论：研究背景、意义、文献综述
                              │
        基于CGE模型的税收调节居民收入分配的理论基础
                              │
    ┌────────────┬────────────┼────────────┬────────────┐
 基于国民收入    基于一般均     收入分配及税    可计算一般
 分配的税收对    衡理论的税收   收再分配效应    均衡（CGE）
 居民收入分配    调节居民收入   的度量方法      模型理论
 的调节作用      分配的作用
                 机理
    │                         │
 我国税收参                税收调节居民收入分配的
 与及调节收                CGE模型构建及数据基础
 入分配的演                        │
 变过程                    基于CGE模型的税收调节
                          居民收入分配效应分析
                                   │
              我国税制调节居民收入分配存在的问题及原因分析
                                   │
                 增强居民收入分配调节效应的税制改革对策
```

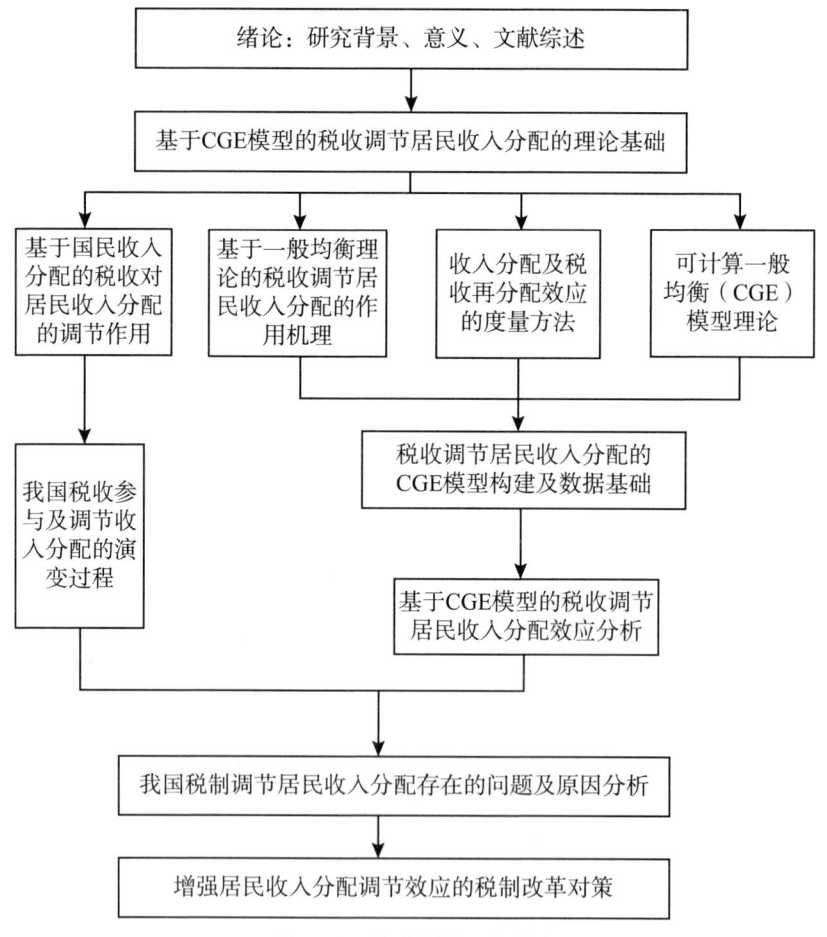

图 1-1 本书主要研究思路

绪 论
第1章

本书首先介绍研究背景及意义，系统梳理国内外相关文献，探讨基于CGE模型的税收调节居民收入分配的理论基础。

其次，从两个层面对税收调节居民收入分配进行分析：一是从国民收入分配层面对税收调节居民收入分配进行总体分析。回顾了改革开放以来我国税制的改革历程，分析了间接税参与及调节收入初次分配、直接税参与及调节收入再分配的演变过程。二是运用CGE模型对税收调节居民收入分配进行具体测算。构建税收调节居民收入分配的CGE模型，编制涵盖所有税种和异质性居民的社会核算矩阵，运用税收再分配效应的度量方法，对各个税种、间接税整体、直接税整体和所有税种整体的收入分配效应进行系统全面的分析和测算。

再次，在对税收调节居民收入分配进行总体分析和具体测算的基础上，分析我国现行税制调节居民收入分配存在的问题，并探讨其内在的原因。

最后，提出增强居民收入分配调节效应的税制改革的对策，包括原则定位、总体方向和具体措施。

1.3.2 研究内容

本书主要研究内容如下：

第1章是绪论。提出了基于CGE模型的税收调节居民收入分配的研究背景及意义，梳理了收入分配、税收调节收入分配及税收CGE模型相关的国内外文献，介绍了研究思路、内容、方法及创新与不足。

第2章是基于CGE模型的税收调节居民收入分配的理论基础。具体包括基于国民收入分配的税收对居民收入分配的调节作用，基于一般均衡理论的税收调节居民收入分配的作用机理，收入分配及税收再分配效应的度量方法，可计算一般均衡（CGE）模型理论等。

第3章是改革开放以来税收参与及调节收入分配的演变过程。回顾了改革开放以来我国税制的改革历程，分析了间接税参与及调节收入初次分配、直接税参与及调节收入再分配的演变过程。

第4章是税收调节居民收入分配的CGE模型构建及数据基础。构建了税收调节居民收入分配的CGE模型，包括生产模块、对外贸易模块、居民模块、企业模块、政府模块和市场均衡模块；编制了涵盖所有税种和异质性居民的中国社会核算矩阵，并对模型的相关参数进行了校准和设定。

第5章是基于CGE模型的税收调节居民收入分配效应测算分析。运用CGE模型，对增值税、消费税、营业税、其他间接税、企业所得税和个人所得税等单个税种、间接税整体、直接税整体、所有税种整体及营改增的调节居民收入分配效应进行分析，测算各自的收入效应、消费效应和整体效应。分析结果表明，我国增值税、消费税和其他间接税具有累退性，扩大了居民收入分配差距；营业税呈累进性，缩小了居民收入分配差距；间接税整体呈累退性，扩大了居民收入分配差距。企业所得税、个人所得税及直接税整体具有累进性，缩小了居民收入分配差距。我国现行税制整体上具有累进性，缩小了居民收入分配差距，但调节居民收入分配的效果不显著。营改增具有较弱的税收累进性，使居民收入分配稍有改善。

第6章是我国税收调节居民收入分配存在的问题及原因分析。根据税收调节居民收入分配效应测算结果，结合税制改革历程及调节收入分配的演变过程，指出了我国税制调节居民收入分配存在的问题，并对其原因进行了分析。我国税制调节居民收入分配存在的问题有：（1）税收收入过快增长挤占居民收入增长空间；（2）间接税加大居民收入分配差距；（3）直接税调节居民收入分配能力有限；（4）财产税未能担负调节居民收入分配的作用；（5）税收流失造成居民收入分配差距进一步扩大。存在问题的原因主要有：（1）多种因素共同促使税收增速快于居民收入增速；（2）间接税制不合理放大其累退性；（3）直接税制不完善影响其调节功能的充分发挥；（4）财产税制不健全使其在调节居民收入分配中缺位；（5）税收征管乏力造成高收入群体税收流失。

第7章是增强居民收入分配调节效应的税制改革对策。根据建立现代税收制度的要求及调节收入分配存在的现实不足，提出了增强居民收入分配调节效应的税制改革的原则定位、总体方向和具体措施。税收制度改革的原则定位是：税制改革应更加注重体现公平与正义，有助于进一步缩小居民收入分配差距。总体方向是：优化税制结构，降低间接税的比重，弱化间接税的累退性；逐步提高直接税的比重，完善财产税制；降低来自企业的税收比重，提升来自居民个人的税收比重。具体措施是：完善增值税制度，进一步简化并降低税率；调整消费税征收范围，优化税率结构；尽快实施和完善综合与分类相结合的个人所得税制度；加快房地产税立法和实施进程；适时开征遗产税；完善税收征管制度。

1.3.3 研究方法

（1）文献查阅法。税收调节居民收入分配是一个重要而又得到广泛研究的主题，CGE模型在国外从20世纪70年代开始流行并成为世界银行和国际贸易组织等政策分析的基本工具，在国内也日益被越来越多的学者所关注。这些学者对税收调节收入分配及CGE模型的有益探索和思考，是本书进一步研究的基石。本书在系统梳理国内外相关著作文献的基础上，对运用CGE模型全面分析我国税收对居民收入分配调节问题有了更加深刻的认识，发现已有研究中存在的可待改进的问题，探寻进一步研究的空间。

（2）定性分析法。本书运用定性分析法研究了税收调节居民收入分配的相关理论，系统梳理了我国改革开放以来税制改革进程，对我国税收调节居民收入分配存在的现实问题及内在原因进行了分析，提出了增强居民收入分配调节效应的税制改革对策。

（3）定量分析法。本书利用资金流量表相关数据对间接税参与及调节居民收入初次分配、直接税参与及调节居民收入再分配的演变过程进行分析。编制了涵盖所有税种和异质性居民的中国社会核算矩阵，构建了可计算一般均衡模型，对各单个税种、间接税整体、直接税整体、税收整体及营改增调节居民收入分配效应进行了全面系统的测算分析。

1.4 创新与不足

1.4.1 本书的创新之处

在吸收前人研究成果的基础上，本书的创新之处主要有以下几点：

(1) 编制涵盖所有税种和异质性居民的社会核算矩阵，为研究税收调节居民收入分配提供数据基础。社会核算矩阵是在投入产出表的基础上编制的，投入产出表每 5 年更新一次，目前可得的最新的投入产出表是 2015 年公布的 2012 年的投入产出表。根据投入产出表、《中国统计年鉴》、《中国财政年鉴》及《中国税务年鉴》等各类统计资料，编制 2012 年中国社会核算矩阵，作为分析各个税种对居民收入分配调节效应的数据基础。根据 2018 年《中国税务年鉴》中 2017 年税收数据调整了中国社会核算矩阵，作为分析营改增对居民收入分配调节效应的数据基础。将各类间接税与行业相对应，所得税与资本收益、劳动者报酬及政府转移支付相对应。将居民根据收入水平分组，将资本收益、劳动者报酬及政府转移支付分配到各组，将各组的支出与行业相对应。

(2) 构建 CGE 模型，为研究税收调节居民收入分配的整体效应提供最关键的分析方法和技术支持。CGE 模型能准确测算税收政策调整对各类产品和要素价格的影响，是研究税收调节居民收入分配的收入效应和消费效应的关键。根据我国现行税种的特点和征收环节，将所有税种内嵌于 CGE 模型之中，并在模型中反映各组居民收支情况，从而构建了税收调节居民收入分配的模型。

(3) 分解税收调节居民收入分配的收入效应和消费效应，制定测算方法，分析影响因素，为研究税收调节居民收入分配效应搭建分析测算框架。根据 CGE 模型模拟结果，以市场收入与实际收入的差异反映收入效应，以实际收入与真实收入的差异反映消费效应，以MT指数和税收累进性指数P作为衡量指标，整体分析税收对居民收入分配的调节效应。收入结构影响税收调节居民收入分配的收入效应；消费结构及边际消费倾向影响税收调节居民收入分配的消费效应。

1.4.2 本书的不足之处

囿于学识和现有的研究条件，本书仍有不足和需要完善之处，主要有以下几点：

（1）居民收支数据不够细化。研究居民收入分配，必须掌握大量居民详细的各类来源收入以及支出的详细资料。现有的居民家庭调查数据，收入情况相对比较细致完整，而支出统计不够完善。本书采用的是国家统计局公布的居民收入和支出数据，相对调查样本大，数据比较权威，但仅能得到整理后的城镇7组、农村5组家庭的收支情况，相对分类较粗，最高收入家庭情况往往被平均化，不能完全反映真实的收入差距情况。

（2）对CGE模型的掌握尚存在不足。CGE模型的学习需要多方面知识，要有深厚的微观和宏观经济学基础以构建能够反映整个国民经济及其内在联系的CGE模型，要编制与CGE模型相适应并符合实际情况的社会核算矩阵，还要掌握GAMS软件编程技巧。本书所用的GAMS软件是世界银行为CGE模型而专门开发的，使用范围有限，学习难度较大。由于时间有限，对CGE模型的掌握还有不足之处，需要以后进一步深入学习探索。

第 2 章

基于 CGE 模型的税收调节居民收入分配的理论基础

2.1 基于国民收入分配的税收对居民收入分配的调节作用

2.1.1 国民收入分配的内涵

2.1.1.1 国民收入分配的概念及其三个层面

国民收入分配是指一个国家在一定时期内新创造出来的国民收入在各个社会成员之间的分配。

国民收入分配可以分为三个层面：

一是国民收入在政府、企业和住户（居民）这三个部门之间的分配形成了部门收入分配；

二是国民收入在资本和劳动这两个生产要素之间的分配形成要素收入分配；

三是国民收入在不同家庭及个人之间的分配形成了居民收入分配。

马克思将国民收入分配划分为初次分配和再分配两大环节。初次分配是通过市场实现的分配，指国民收入在物质生产领域内部，按照各生产要素主体的贡献大小对生产活动形成的净成果进行的分配。再分配是通过政府调节而进行的分配，指在初次分配的基础上，通过所得税、转移支付等形式对初次分配后的国民收入进行的进一步分配。市场缺陷的存在会造成初次收入和财产分配不公平，需要政府运用税收和转移支付等手段进行再分配，从而调节收入差距，促进社会公平。

2.1.1.2 国民收入的初次分配情况

资金流量表综合反映了国民收入在各个部门之间的初次分配和再分配情况。根据资金流量表，国民收入在各个部门之间的初次分配情况如下：

政府部门初次分配总收入＝政府部门增加值＋政府部门劳动者
报酬运用＋政府部门生产税净额
来源－政府部门生产税净额运用
＋政府部门财产收入来源
－政府部门财产收入运用

企业部门初次分配总收入＝企业部门增加值－企业部门劳动者
报酬运用－企业部门生产税净额运用
＋企业部门财产收入来源
－企业部门财产收入运用

居民部门初次分配总收入＝居民部门增加值＋居民部门劳动者报酬
来源－居民部门劳动者报酬运用－居民
部门生产税净额运用＋居民部门财产
收入来源－居民部门财产收入运用

2.1.1.3 国民收入的再分配情况

根据资金流量表，国民收入在各个部门之间的再分配情况如下：
政府部门可支配收入＝政府部门初次分配总收入＋政府部门收入税
来源＋政府部门社会保险缴款来源－政府

部门社会保险福利运用－政府部门社会

补助运用－政府部门其他经常转移运用

企业部门可支配收入＝企业部门初次分配总收入－企业部门收入税

运用－企业部门社会补助运用－企业

部门其他经常转移运用＋企业部门

其他经常转移来源

居民部门可支配收入＝居民部门初次分配总收入－居民部门收入税

运用－居民部门社会保险缴款运用＋居民

部门社会保险福利来源＋居民部门社会

补助来源－居民部门其他经常转移运用

＋居民部门其他经常转移来源

2.1.2 国民收入分配层面税收对居民收入分配的调节作用

国民收入首先按生产要素进行分配，劳动要素在初次分配中获得工资薪金等劳动者报酬收入，再分配中向政府缴纳个人所得税和社会保险，获得社会保险福利和政府转移支付。资本要素在初次分配中获得经济利润、资本折旧和财产性收入，再分配中向政府缴纳企业所得税。政府在初次分配中取得增值税、消费税、营业税等间接税，再分配中取得企业所得税、个人所得税和社会保险缴款，支出社会保险福利和转移支付。

国民收入按要素收入进行的初次分配和再分配，会归属于企业、居民和政府三大部门，形成部门收入分配。劳动要素收入一般属于居民，形成居民部门收入。资本要素收入中股息、利息、红利部分属于居民，也构成居民部门收入，未分配利润和资本折旧属于企业，形成企业部门收入。企业既非最终的收入主体，也非实质的负税主体。企业部门收入最终也应属于居民收入，而企业负担的税收最终也要由居民来承担。政府部门收入主要来自初次分配中取得的间接税和再分配中取得的直接税及社会保险缴款。

对于收入分配格局来说，税收的影响不会仅局限于再分配阶段，还会通过初次分配阶段起作用。如图2-1所示，税收不仅通过企业所得税和个人所得税直接影响居民的资本收益和劳动收入，还通过增值税、消费税等间接税参与国民收入的初次分配，间接影响居民收入分配格局。流转税和财产税主要对商品（或劳务）交易的流转额、纳税人的财产征税，均在国民收入初次分配环节征收，其影响主要体现在国民收入初次分配格局。对资本要素收入征收的企业所得税和主要对劳动要素收入征收的个人所得税在国民收入再分配环节征收，主要影响国民收入再分配格局。以流转税和财产税为主的间接税会影响资本要素收入和劳动要素收入的总体规模；以企业所得税和个人所得税为主的直接税会影响企业和居民的可支配收入，企业的可支配收入最终属于居民所有。因此，税收水平、税收结构及税制设置会直接或间接地影响居民的可支配收入，对居民收入分配具有调节作用。凯恩斯认为直接税为主的税制结构比间接税为主的税制结构更有助于调节居民收入差距，累进税率比固定税率及比例税率更有助于收入调节。布坎南认为为了矫正由于劳动者出身的不同而引发的收入差距悬殊与收入不公平，应征收遗产税和赠与税等。

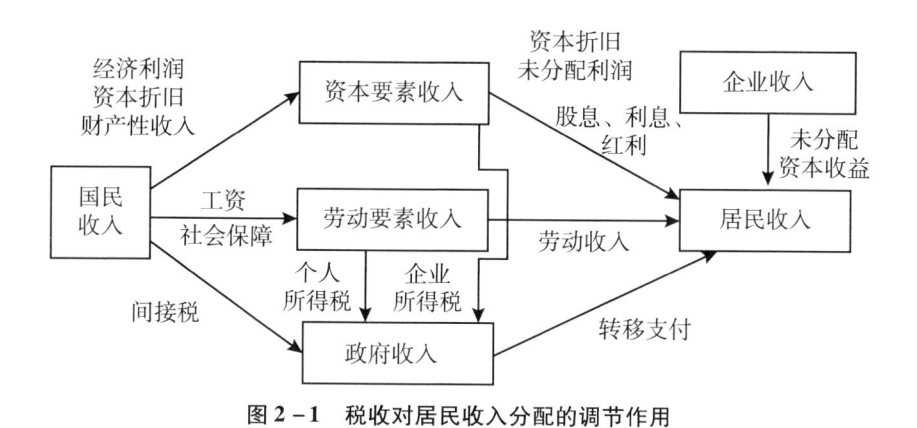

图2-1 税收对居民收入分配的调节作用

2.1.2.1 间接税对居民收入初次分配的调节作用

国民收入初次分配是国民收入在要素所有者及政府之间按贡献大

小进行的分配。劳动要素所有者因提供劳动而获得劳动报酬，资本要素所有者因提供资本而获得不同形式的资本收益，政府因提供公共服务而获得间接税并支付生产补贴。

间接税对居民收入初次分配的调节作用表现在：一是保持间接税的"税收中性"，实现税收的横向公平，营造公平的市场竞争环境。在初次分配领域，税收的调节作用主要是保持"税收中性"，尽可能减少对资源配置和要素分配的干预，营造公平的市场竞争环境，不影响市场效率。二是在整体"税收中性"的基础上实行差别税收政策，以对居民收入初次分配进行调节。增值税通过对日常必需品实行税收优惠并适当降低税率，可以减少低收入者的税负水平。消费税通过对高档用品、奢侈品课以重税，可以增加高收入者的税负水平；资源税根据资源的丰瘠程度及开采条件实行级差税率以调节不同行业、企业间的收入差距，进而调节其从业者的收入。

总体来说，间接税的主要作用是保持"税收中性"，营造公平的市场环境，减少税收的市场效率损失，差别税收政策对居民收入的调节作用是有限的。间接税主要通过产品价格转嫁给消费者，由于边际消费倾向递减，低收入者较高收入者可能负担更多的税收。因此，间接税往往具有税收累退性，间接税在税制结构中占比过高，会不利于居民收入分配的调节。

2.1.2.2 直接税对居民收入再分配中的调节作用

国民收入再分配是在初次分配的基础上，政府通过所得税、转移支付等形式对各部门初次分配总收入进行再次分配，形成各部门的可支配收入。

直接税在调节居民收入再分配中具有重要作用：其一，企业所得税通过对资本收益课税以达到调节居民收入再分配的作用。高收入群体的收入中来自资本收益的比重较高，通过征收企业所得税可以有效降低高收入者的收入。企业所得税往往对小微企业、农业等弱势产业及地区实行税收优惠，有助于这些企业、产业和地区从业人员的收入的提高。其二，个人所得税能有效调节居民收入分配。个人所得税设置了一定的费用扣除标准,收入低于费用扣除标准的居民不用纳税;个人所得税实行超额累进税率,收入越高则适用的边际税率越高,从而使高收入者多纳税,少收入者少纳税或不纳税;个人所得税对低收入群体有一定的税收优惠,以降低其税负。

直接税一般来说具有较强的累进性,能有效调节居民收入分配。而间接税一般来说具有一定的累退性,会导致居民收入分配差距扩大。税收的总体规模、税制结构及具体税种的设置都会影响居民收入分配格局。本书第3章从国民收入分配层面,利用历年资金流量表,对我国改革开放以来税收参与及调节收入分配的演变过程进行研究,回顾改革开放以来我国税制改革历程,探讨间接税参与及调节收入初次分配的演变过程,直接税参与及调节收入再分配的演变过程。

2.2 基于一般均衡理论的税收调节居民收入分配的作用机理

2.2.1 一般均衡理论

一般均衡(General Equilibrium,GE)思想来源于亚当·斯密著名的"看不见的手"的论断:在一个分散决策的经济中,追求个人最优的行为会在价格调节下实现社会资源的有效配置。法国经济学家瓦尔拉斯(Walras)在1874年发表的《纯粹经济学要义》一书中首先提出一般均衡理论。瓦尔拉斯把经济系统看作一个整体,认为各种产品及生产要素之间的均衡价格和数量之间存在着内在联系,任何一种产品或资本、劳动要素的价格及数量的变化都会打破原有的市场均衡,引起所有其他产品及资本、劳动要素数量和价格随之发生变化。因此,只进行局部均衡分析是没有意义的,或者是不完整的,只有在一般均衡框架下进行分析,其分析结果才是真实和准确的。瓦尔拉斯一般均衡理论的核心内容是用几个代数方程组描述生产、需求、交换、分配和资本形式,在供求平衡、完全竞争、自由交换的条件下,确定均衡价格,达到充分就业、市场结清,生产者获得最大利润、消费者得到最大效用。瓦尔拉斯法则(Walras Law)的函数表达式为:

$$\sum_{i}^{n} p_i (q_i^d - q_i^s) + \sum_{k}^{m} w_k (x_k^d - x_k^s) = 0$$

式中包括 n 个产品市场和 m 个要素市场,其中 m+n-1 个市场是独立的,在 m+n-1 个市场出清时,剩下一个市场自动出清。瓦尔拉斯的一般均衡理论具有较高的抽象性,其均衡点的存在性并没有得到验证。

数学家阿罗和经济学家德布鲁(Arrow & Debreu,1954)运用更加抽象的数学工具,如集合论、拓扑学等,精练了瓦尔拉斯的思想,通过不动点定理证明了在有限经济中存在着符合帕累托最优的均衡解。尽管阿罗和德布鲁证明了均衡解的存在,并提出了一个完整的一般均衡理论体系,但由于求解困难,该理论并没有得到实际运用。

斯卡夫(Scarf,1967)发现一种计算不动点的整体收敛算法,从而使计算均衡价格在数学上成为可能,使得一般均衡模型由纯理论变为可应用。随着计算科学的发展以及计算机技术的更新换代,斯卡夫方法在实践中不断得到改进,使得直接求解非线性模型的方法终于得以实现,并逐渐发展出可计算一般均衡(CGE)方法。

2.2.2 税收负担的一般均衡分析

2.2.2.1 税收负担的局部均衡分析

一般来说,局部均衡分析假设在一个市场中税收引起的价格和资源分配变化对其他市场没有影响,因此需求与供给曲线是商品价格的函数,此时其他商品的价格保持不变。如图 2-2 所示,在没有征税时,商品 X 的需求曲线为 D,供给曲线为 S,Q_1、P_1 为均衡产量和均衡价格。现对商品 X 课以从价税 t,则供给曲线 S 向上移动到 S(1+t),此时,新的均衡产量下降到 Q_2,新的均衡价格为 P_2。考虑到税收负担,生产者价格从 P_1 降到 P_3,消费者的消费价格从 P_1 升到 P_2。生产者、消费者的税收负担分配取决于供给曲线和需求曲线的弹性。一般来说,需求曲线越缺乏弹性或供给曲线越具有弹性,消费者承担的税收份额就越高。

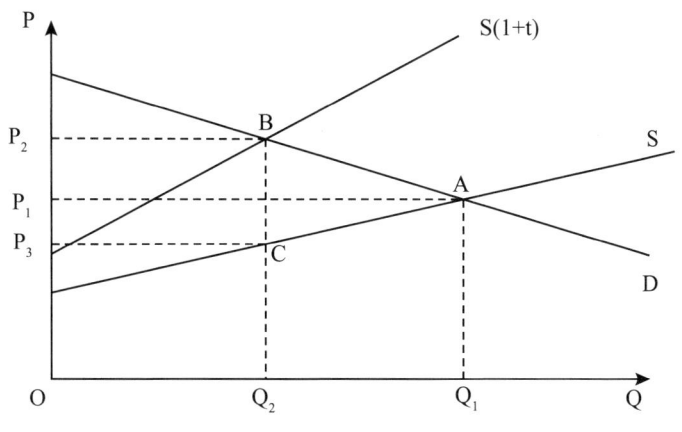

图 2 - 2 商品课税的局部均衡分析

2.2.2.2 税收负担的一般均衡分析

在局部均衡下,对某一商品征税,仅影响该商品的均衡价格和产量。但现实中税收不仅影响了征税商品的价格和产量,还会对未征税商品产生影响,局部均衡分析是不完全的,需要应用一般均衡理论来进行分析。如图 2 - 3 所示,假设市场包含劳动和资本两种要素供给,包含 X 和 Y 两种商品。在埃奇沃思盒状图中,A 为最初的均衡点,此时,$MRS_{XY} = MRT_{XY}$。现对商品 X 课以从价税 t,新的均衡点为 B 点,消费者的购买价格上升,而生产者的销售价格下降。此时,$MRS_{XY} = P_X(1+t)/P_Y = (1+t)MRT_{XY}$。当均衡点从 A 移动到 B 点时,劳动和资本两种要素在 X 和 Y 商品之间的分配发生变化,相应的要素价格也随之变化。商品 X 与 Y 的等产量线相切点决定了资本的边际成本 r 与劳动的边际成本 w 之比。在 A 点,商品 X 的劳动资本比 (L_X/K_X) 高于商品 Y 的劳动资本比 (L_Y/K_Y),X 与 Y 的劳动资本比

分别以直线 O_XA 和直线 O_YB 的倾斜度表示。在对商品 X 进行征税后，资本价格相对上升，引起两种商品的劳动资本价格比均有所上升。同时，r/w 也开始随着劳动资本比有所升高，由于假设两种要素被完全使用，因此 $(r/w)_B$ 高于 $(r/w)_A$。

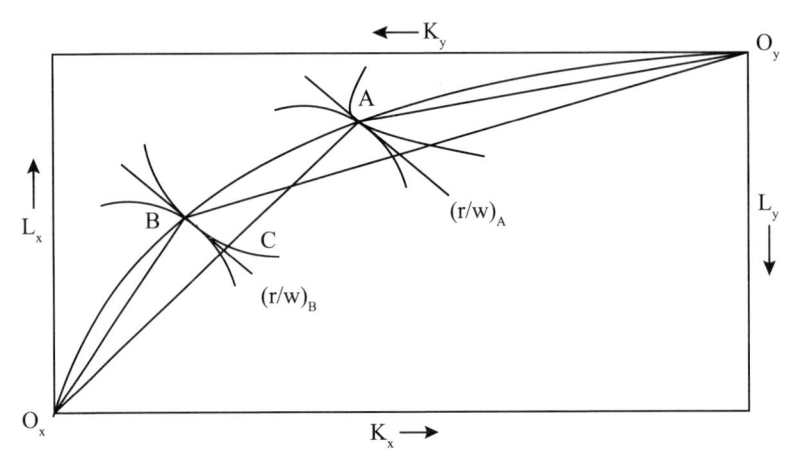

图 2-3　商品课税的一般均衡分析

因此，税收负担的一般均衡分析表明，对商品 X 进行课税，对两种商品和要素均有影响，商品和要素的价格均会发生变化。劳动和资本要素的价格变化会影响劳动所有者和资本所有者的收入的变化，对居民收入分配产生影响，这可称为税收对居民收入分配的收入效应；商品价格的变化会影响个人的消费和支出，改变个人的实际收入，从而对居民收入分配产生影响，这可称为税收对居民收入分配的消费效应。

根据一般均衡理论，对劳动要素的收益课征个人所得税，不仅影响劳动者的收入，还会影响劳动要素的供求和价格，进而影响产品和资本要素的供求和价格。同理，对资本要素的收益课征企业所得税，不仅影响税后资本收益，还会影响资本要素的供求和价格，进而影响产品和劳动要素的供求和价格。对劳动和资本要素课征直接税引起的劳动和资本要素价格变化会影响个人的收入，对居民收入分配产生收入效应；对劳动和资本要素课征直接税引起产品价格变化会影响个人的消费和支出，改变个人的实际收入，对居民收入分配产生消费效应。

因此，根据一般均衡理论，不管对商品征收间接税，还是对资本及劳动要素收益征收直接税，都会影响产品和要素的价格，导致税收转嫁，均会对居民收入分配产生支出端的消费效应和收入端的收入效应。马斯格雷夫（1959）最早主张这一点，麦克卢尔（Mclure, 1970）以两种产品两种生产要素为例，用公式给出了严格的表述。

现有税收归宿的研究主要运用经济计量分析、投入产出分析、局部均衡分析等方法，这些方法通常假定：间接税完全通过应税产品价格上升转嫁到消费者身上；个人所得税不能转嫁，其税负完全由纳税人承担；企业所得税要么假定不能转嫁，其税负全部由资本所有者承担，要么假定可以转嫁，按照设定的比例一部分由资本所有者承担，一部分通过降低工资转嫁到工人身上，还有一部分通过产品价格上升转嫁到消费者身上。这些税负转嫁假设没有全面考虑税收对居民收入分配的收入效应和消费效应，不符合税收归宿的实际情况，不能准确测算居民税收负担的确切情况，也不能全面分析税收对居民收入分配的调节效应。

2.2.2.3 收入效应和消费效应的测算方法及影响因素

根据一般均衡理论，任何税种的征收或税率的调整都会通过影响要素价格对居民收入产生收入效应，通过影响产品价格对居民收入产生消费效应。只有同时从收入效应和消费效应两个方面测量税收对居民收入水平及分配的影响，才能全面反映课税对个人收入分配的整体效应。如图2-4所示，为了测算现行税制下某一税种对居民收入分配的影响，可将征税情况下居民实际取得的可支配收入定义为实际收入（actual income），用 Y_a 表示；将不存在该税种情况下居民的可支配收入定义为市场收入（market income），用 Y_m 表示；将实际收入根据征税前后居民支出变动进行调整后的收入定义为真实收入（real income），用 Y_r 表示。市场收入与实际收入的差异，反映税收的收入效应；实际收入与真实收入的差异，反映税收的消费效应；市场收入与真实收入的差异，反映税收的整体效应。利用 CGE 模型，可以比较某税种征收前后劳动、资本要素价格和商品价格变化，进而据以测算税收对居民收入分配的收入效应和消费效应。经济计量分析及投入产出分析均无法全面反映税收对居民收入分配的影响，建立在一般均衡理论基础上的可计算一般均衡模型可以全面模拟分析测算税收对居民收入分配的收入效应、消费效应和整体效应。

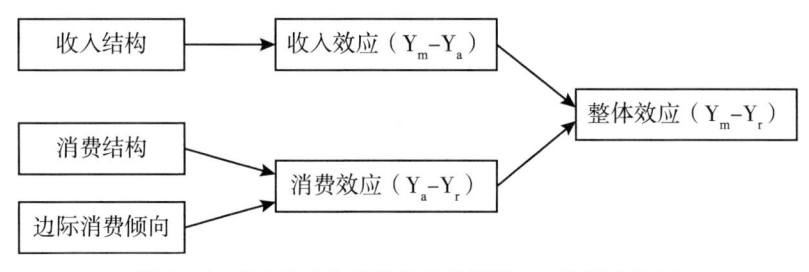

图 2-4 收入效应和消费效应的测算方法及影响因素

收入效应方面，居民的收入结构在税收通过收入端影响居民的相对收入上起着决定性作用。征税导致的劳动要素价格上升幅度高于资本要素价格时（或劳动要素价格下降幅度低于资本要素价格），则劳动收入来源较多的居民相对受益，而资本收入较多的居民相对受损；征税导致的劳动要素价格上升幅度低于资本要素价格时（或劳动要素价格下降幅度高于资本要素价格），则劳动收入来源较多的居民相对受损，而资本收入较多的居民相对受益。

消费效应方面，居民的消费结构和边际消费倾向在税收通过支出端影响居民的相对收入上起着决定性作用。征税对各类产品的价格影响不同，由于消费结构差异，各个居民的消费支出变化会有所差异。边际消费倾向也是影响消费效应的重要因素，一般来说高收入居民边际消费倾向较低，消费支出变化对其收入影响较小；低收入居民边际消费倾向较高，消费支出变化对其收入影响较大。

2.3 收入分配及税收再分配效应的度量方法

收入分配的不平等是很多国家都普遍存在的问题，居民之间收入差距不断拉大已成为当今世界很多国家无可回避的最重要的社会问题之一。要研究税收对收入分配的影响，先要了解收入分配及税收再分配效应的度量方法。

2.3.1 收入分配的度量方法

2.3.1.1 等分法

等分法是国际上常用的研究居民收入分配的方法，该方法将全体居民或家庭按收入高低顺序排队，划分为若干等份。通过对各收入组的相对收入（如各组收入占总收入中的份额）或者绝对收入（如不同收入组的平均收入的差距）的计算和比较，可以得到全体居民收入分配的情况。

（1）五等分法。五等分法是最常用的等分法，该方法首先将人口按收入水平的高低排序，然后将其分为五组，使每组人数相同。如果收入是完全均等的，则每组收入之和均为总收入的20%。

（2）阿鲁瓦利亚指数。阿鲁瓦利亚指数（Ahluwalia index）是收入最低的40%人口或家庭的总收入与全体人口总收入的比值。该指数最大值为0.4，这时说明收入分配完全均等；该指数越小，说明收入差距越大。

（3）欧希玛指数。欧希玛指数（Ouxima index）又称为收入不良指数，主要用来分析居民收入是否存在两极分化现象，该指数是用最富有的那部分人口或家庭的收入与最贫穷的那部分人口或家庭的收入的比值，通常是用最富有的20%（五等分）或10%（十等分）的那部分人口或家庭的平均收入除以最贫穷20%（或10%）的那部分人口或家庭的平均收入。欧希玛指数越大，说明收入分配差距越大；欧希玛指数最小为1，这时收入分配完全均等。

（4）库兹涅茨比率。库兹涅茨比率（Kuznets ratio）是诺贝尔经济学奖获得者西蒙·库兹涅茨（S. Kuznets）在研究经济增长与收入分配不平等关系时提出的，该比率反映了总体收入不平等状况。该比率把各收入组的收入比重与人口比重的差额的绝对值加总起来，计算公式如下：

$$R = \sum_{i=1}^{n} |y_i - p_i|, \quad i = 1, 2, 3, \cdots, n$$

其中，R 为库兹涅茨比率，y_i 为第 i 组收入占总收入的比重；p_i 为第 i 组人口占总人口的比重。库兹涅茨比率 R 越大，说明收入分配差距越大；反之说明收入分配差距越小，最小值为 0，说明收入分配完全均等。

2.3.1.2 泰勒指数

泰尔指数（Theil index）又称为泰尔熵标准（Theil's entropy measure），是由泰尔（Theil, 1967）将信息理论中的熵概念应用于收入分配差距的计算。该方法将收入差距的测度解释为将人口份额转化为收入份额（类似于洛伦兹曲线中将人口累计百分比信息转化为收入累计百分比）的消息所包含的信息量。泰尔指数的表达式为：

$$T = \frac{1}{n} \sum_{i=1}^{n} \frac{y_i}{y} \log\left(\frac{y_i}{y}\right)$$

式中，T 为收入差距程度的测度泰尔指数，y_i 为第 i 组的收入，y 是所有人口的平均收入。

泰尔指数作为收入不平等程度的测度指标具备良好的可分解性质，即将样本分为多个群组时，泰尔指数可以分别衡量组内差距与组间差距对总差距的贡献。假设包含 n 个个体的样本被分为 k 个群组，每组分别为 g_k（k = 1, 2, $\cdots$, K），第 k 组 g_k 中的个体数目为 n_k，则有：

$$\sum_{k=1}^{K} n_k = n$$

y_i 与 y_k 分别表示某个体 i 的收入份额与某群组 k 的收入总份额，记 T_b 与 T_w 分别为群组间差距和群组内差距，则可将泰尔指数分解如下：

$$T = T_b + T_w = \sum_{k=1}^{K} y_k \log \frac{y_k}{n_k/n} + \sum_{k=1}^{K} y_k \sum_{i=1}^{n_k} y_i \log \left(\frac{y_i/y_k}{1/n_k} \right)$$

2.3.1.3 洛伦兹曲线与基尼系数

（1）洛伦兹曲线。洛伦兹曲线（Lorenz curve）是 1905 年由统计学家洛伦兹（Max Otto Lorenz）提出，用以研究国民收入在国民之间的分配问题。在一个二维平面直角坐标系中，以纵轴作为收入百分比，横轴为人口百分比，然后按照由低到高的顺序，将全体居民或家庭从最贫穷者到最富有者由左到右依次排序，将所拥有的收入百分比累计起来，便形成一条曲线，也就是洛伦兹曲线。洛伦兹曲线处于 45 度到 90 度之间，45 度直线为绝对平均分配线，这时每个人的收入完全一样；最右侧的 90 度直线为绝对不平均分配线，所有收入都集中到一个人或一个家庭之手。

（2）基尼系数。基尼系数（Gini coefficient）是 1912 年由意大利经济学家基尼（C. Gini）在洛伦兹曲线基础上提出的。基尼系数是指绝对平均分配线（45 度线）与洛伦兹曲线之间的面积占绝对平均分配线下总面积的比值，也就是收入分配不平等部分占总收入的比值，实际上是对洛伦兹曲线所反映的收入分配差距的进一步量化，使其更具体和便于比较。基尼系数为"0"时，说明收入分配完全均等，基尼系数为"1"时，说明收入分配完全不均等，所有收入都归单个居民或家庭所有。基尼系数越小说明收入分配的差异程度越小，基尼系数越大说明收入分配的差异程度越大。

基尼系数是国际理论界最普遍采用的指标，具有普适性和可比性，计算方法相对较多。但基尼系数反映的是收入分配差距的总体水平，该指标并不非常敏感，当收入分配差距有较大变化时，反映在基尼系数上往往只是十分位或百分位的较小变化。在实际运用中有必要注意这个问题，不能因为基尼系数变化幅度小而发生误判。

2.3.2 税收再分配效应的度量方法

税收是政府进行收入再分配的重要手段之一，税收再分配效应（redistribution effect，RE）可以反映一国税制在公平收入分配方面的效果。税收累进性是税收再分配效应的衡量指标，累进性越强，再分配效应也越强。一般认为，当收入越高税负越高时，则该项税收是累进的；当收入越高税负越低时，则该项税收是累退的；当税负水平不随收入变化时，则该项税收是比例税。如何测度税收累进性是研究税收再分配整体效应的关键，也是学术界探讨的重要问题，但对此没有达成共识。

税收累进性度量方法总体上可以分成两大类：一类是局部度量法，主要有平均税率法、边际税率法和应纳税额法等，度量的是税收在某一收入区间的累进性；另一类是全局度量法，主要有 MT 指数法、K 指数法和 S 指数法等，是从整个收入分配区间度量税收的累进性。

2.3.2.1 局部度量法

（1）平均税率累进性。平均税率累进性（average rate progression，ARP）是由庇古（Pigou，1928）提出了一种测量税收累进性的方法，其为平均税率的变化与收入变化的比率。该方法主要是根据税率累进性的定义，即累进税是随着收入的增加，平均税率上升。税收（T）可表示为收入（Y）的函数，即 $T = f(Y)$，平均税率为 $f(Y)/Y$，实际上 ARP 为平均税率与收入关系曲线的斜率，可用下式表达：

$$ARP = \frac{\frac{T_1}{Y_1} - \frac{T_0}{Y_0}}{Y_1 - Y_0} = \frac{d}{dY}\left\{\frac{f(Y)}{Y}\right\} = \frac{1}{Y}(M - A)$$

其中，T_1 为收入 Y_1 的应纳税额，T_0 为收入 Y_0 的应纳税额，且 $Y_1 > Y_0$。M 为边际税率，A 为平均税率。如 M > A，则该税收具有累进性；如 M < A，则该税收具有累退性；如 M = A，则该税收是比例性。

（2）边际税率累进性。边际税率累进性（marginal rate progression，MRP）是由庇古（1928）提出的另一种测量税收累进性的方法，其为边际税率的变化与收入变化的比率。

$$MRP = \frac{\frac{T_2 - T_1}{Y_2 - Y_1} - \frac{T_1 - T_0}{Y_1 - Y_0}}{Y_2 - Y_1} = \frac{d^2}{dY^2}\{f(Y)\}$$

其中，T_2 为收入 Y_2 的应纳税额，T_1 为收入 Y_1 的应纳税额，T_0 为收入 Y_0 的应纳税额，且 $Y_2 > Y_1 > Y_0$。如 $\frac{d^2}{dY^2}\{f(Y)\} > 0$，则该税收具有累进性；如 $\frac{d^2}{dY^2}\{f(Y)\} < 0$，则该税收具有累退性；如 $\frac{d^2}{dY^2}\{f(Y)\} = 0$，则该税收是比例性。值得注意的是，在不同的收入范围，边际税率累进性可能是不同的，一般随着收入的上升，边际税率累进性将逐渐降低。

（3）应纳税额累进性。应纳税额累进性（liability progression，LP）是马斯格雷夫等（1948）提出的一种测量税收累进性的方法，其为应纳税额变化百分比与收入变化百分比的比率。LP 是一个类似于价格弹性的指标，可表示为：

$$LP = \frac{\frac{T_1 - T_0}{T_0}}{\frac{Y_1 - Y_0}{Y_0}} = \frac{\frac{df(Y)}{dY}}{\frac{f(Y)}{Y}} = \frac{M}{A}$$

其中，T_1 为收入 Y_1 的应纳税额，T_0 为收入 Y_0 的应纳税额，且 $Y_1 > Y_0$。M 为边际税率，A 为平均税率。如 M/A>1 边际税率大于平均税率，则该税收具有累进性；如 M/A<1，则该税收具有累退性；如 M/A=1，则该税收是比例性。

（4）剩余收入累进性。剩余收入累进性（residual income progression，RIP）是马斯格雷夫等（1948）提出的另一种测量税收累进性的方法，其为税后收入变化百分比与税前收入变化百分比的比率。RIP 可表示为：

$$\text{RIP} = \frac{\frac{(Y_1 - T_1) - (Y_0 - T_0)}{Y_0 - T_0}}{\frac{Y_1 - Y_0}{Y_0}} = \frac{Y}{Y - f(Y)} \frac{d}{dY} \{Y - f(Y)\} = \frac{1 - M}{1 - A}$$

如 $\frac{1-M}{1-A} < 1$,边际税率大于平均税率,则该税收具有累进性;如 $\frac{1-M}{1-A} > 1$,则该税收具有累退性;如 $\frac{1-M}{1-A} = 1$,则该税收是比例性。

2.3.2.2 全局度量法

学者对税收再分配效应的全局度量法进行了深入的研究,相关方法也非常多,整体来说,主要有两大类方法。第一类全局度量法关注于税收的再分配效应,考虑税前和税后的收入分配状态的差异,同时税收的规模大小也会对再分配效应产生影响。这类方法主要有有效累进性法(effective progression)、PO 指数法和 MT 指数法。第二类全局度量法关注于税收负担分配与税前收入分配的情况,而不考虑税后收入分配的情况,并且与税收的规模大小无关。这类方法主要有 KP 指数法、K 指数法、S 指数法、St 指数法和 P 全局度量法等。根据现有文献的研究,对税收累进性测算及其再分配效应研究最具代表性的三种方法是 MT 指数法、K 指数法和 S 指数法,他们的分析方法均基于洛伦兹曲线和基尼系数,其他方法很多只是数学公式的表达上有所不同,但对税收再分配调节效应的方向是一致的。

(1) MT 指数法。MT 指数是 1948 年由马斯格雷夫等提出的,他们认为,累进性是一个全局概念。如图 2-5 所示,L_p 为税前洛伦兹曲线,L_i 为税后洛伦兹曲线,G_b 为税前收入基尼系数,G_a 为税后收入基尼系数。MT 指数为税前税后基尼系数的变化,采用税前基尼系数与税后基尼系数的差值测度累进性,差值大于 0 就意味着税收是累进的。

图 2-5 MT 指数示意图

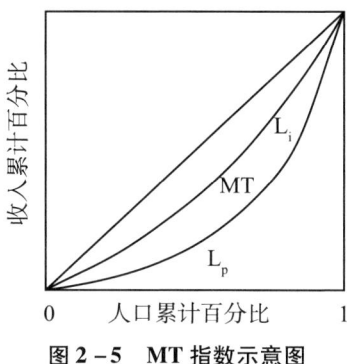

MT 指数的计算公式为：
$$MT = G_b - G_a$$

如果 $G_b > G_a$，即 MT 指数为正数，说明税后基尼系数较税前基尼系数有所下降，税收降低了收入分配的不平等程度，税收具有累进性。MT 数值越大，说明税收降低收入不平等的幅度就越大，税收再分配效应就越显著。而如果 MT 指数小于 0，说明税后基尼系数较税前基尼系数有所提高，税收扩大了收入分配的差距，税收具有累退性。

（2）K 指数法。K 指数是 1977 年由卡克瓦尼（Kakwani）提出的，他指出通过简单比较税前和税后收入分配差距的 MT 指数，没有区分平均税率和累进性变化对收入分配的影响，并不能很好地度量税收的累进性。卡克瓦尼指出，"税收累进性"的概念与"税收弹性"的概念相关，指的是税收函数与收入之间的弹性。税收累进性的度量体现出的是一个既定税制与比例税制的偏离。既然对比例税制而言税收弹性总是一致的，对税收累进性的度量应该取决于税收弹性与比例税收弹性的差别。收入洛伦兹曲线和税收集中度曲线两者之间的距离取决于税收弹性。如果对所有的收入区间，税收弹性是相同的，那么两条曲线将重合。也就是说，税收弹性的差距越大，两条曲线之间的距离越大。因此，如图 2-6 所示，税收累进性的度量方法应该是通过比较税收洛伦兹曲线 L_p 与税收集中度曲线 K_i 来获取，即，度量税收集中度对收入集中度的偏差程度。

图 2-6 K 指数示意图

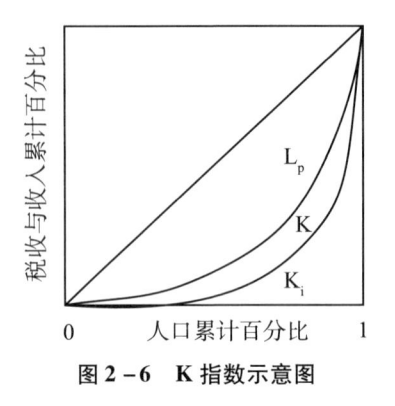

K 指数的计算公式为：

$$K = C - G_b$$

其中，C 为税收集中度，G_b 为税前收入基尼系数。税收集中度是衡量税收负担在不同收入群体间分布的指标。显然，K 指数反映了税收负担偏离比例税率的程度。如果 K 指数大于 0，说明高收入群体负担的税收在税收总额中的比重高于其收入在收入总额中的比重，即税收是累进的；如果 K 指数小于 0，则说明税收是累退的；如果 K 指数等于 0，则说明税收表现为比例税，税收对收入公平分配无影响。

（3）S 指数法。S 指数法是 1977 年由休茨（Suits）提出的衡量税收累进性的方法，该指数和基尼系数的计算方法类似。如图 2-7 所示，在计算 S 指数时，把所有家庭的收入由低到高排序后绘制税收集中曲线 S_i。此时的横坐标是从低收入家庭开始的收入在总收入的累计百分数，相应的纵坐标是这些家庭负担的税收在总税收中的累计百分比。如果税收是和收入成比例的，这时税收集中曲线就和完全平等线 E 重合，表示整个税收是比例税收；如果税收是累退的，低收入家庭负担的累计税收比例大于他们的收入在总收入中的比例，这时候的税收集中曲线就位于完全平等线的上方；如果税收是累进的，税收集中曲线就位于完全平等线的下方。S 指数的可由下式表达：

$$S = \frac{K - L}{K} = 1 - \frac{L}{K}$$

其中，K 表示完全平等线以下的面积，L 表示表示税收集中曲线以下的面积，S 指数是介于 -1~1 之间。S 为负数表示税收集中曲线在完全平等线上方，低收入家庭负担了更多的税收，征税后收入差距扩大，税收呈累退性；S 为正数表示税收集中曲线在完全平等线下方，高收入家庭负担了更多的税收，征税后收入差距缩小，税收呈累进性；S 为 0 表示税收负担均衡，征税不改变收入差距，税收为比例税。

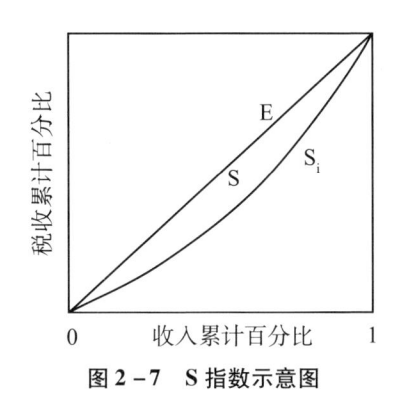

图 2-7 S 指数示意图

2.3.2.3 税收累进性指数的分解

税收累进性度量方法很多，产生了很多的税收累进性指数，单一的累进性指标很难评价税收累进性，还需要对税收累进性的来源进行分解。

卡克瓦尼（1977）指出 MT 指数等衡量的只是税收总体的再分配效应，而没有体现出税收具体的累进程度，认为税收的再分配效应应该由税收的累进程度与税率共同决定，因此需要对 MT 指数进行进一步的分解。

卡克瓦尼（1977）证明了 MT 指数是平均税率与税收累进性指数 P 的函数，计算公式为：

$$MT = \frac{t}{1-t}P$$

公式表明，税收再分配效应 MT 同时受平均税率 t 与税收累进性指数 P 的影响，且与平均税率、税收累进性成正比，提高平均税率或税收的累进性都能够增强税收的收入分配效应。由于平均税率大于或等于0，税收分配效应的方向主要由税收累进性决定。P大于0、小于0或等于0，分别决定了税收对居民收入分配的正效应、负效应或无影响。

在提出P指数的基础上，还提出了对P指数进行分解的方法。整体税制的累进性可以通过税收体系中单个税种累进指数的加权平均之和来测量，权数为各税种的平均税率占整体税制平均税率的比重，计算公式为：

$$P = \sum_{i=1}^{n} \frac{t_i}{t} P_i$$

其中，P代表整体税制的累进性指数，t为整体税制的平均税率，t_i是第i个税种的平均税率，P_i是第i个税种的累进性指数。

卡克瓦尼（1984）进一步提出了更为精确的MT指数分解方法，该方法用公式表示为：

$$MT = (Y - G) + \frac{t}{1-t} P$$

其中，Y为税前收入排序的税后收入集中率。等式右边第一项（Y-G）衡量税负的横向公平，第二项$\frac{t}{1-t}P$衡量税负的纵向公平。如果征税不改变居民收入的排列顺序，则（Y-G）为0，MT只由纵向公平决定。

2.4　可计算一般均衡（CGE）模型理论

2.4.1　可计算一般均衡（CGE）模型的含义及特点

可计算一般均衡模型是国际上流行的经济学和公共政策定量分析的一个主要工具，其英文名称是computable general equilibrium model，简称为CGE模型。CGE模型是基于一般均衡理论、宏观经济结构关系和国民经济核算数据而建立起来的一套全景描述经济系统运行的数量模拟系统,研究的是总体经济的长期、确定性行为及其对于外部冲击的变动反应。

整个国民经济是一个统一的整体,宏观经济中各部门各核算账户之间存在相互依存的联锁关系,牵一发而动全身。一个部门或账户的变动会引起其他部门或账户的变动,产生溢出效应。CGE 模型的特点是描述国民经济各个部门,各个核算账户之间的相互连锁关系,并且可以对政策变化和经济活动对这些关系的影响做描述、模拟和预测,因此它在国民经济、贸易、环境、财政税收、公共政策及收入分配方面应用非常广泛。CGE 模型在国外从 20 世纪 70 年代开始流行,经过四十多年的发展,已逐渐发展成为应用经济学的一个重要分支,在世界上得到了广泛的应用,成为世界银行和国际贸易组织等政策分析的基本工具。

可计算一般均衡(CGE)模型具有如下特点:

(1)一般性(general)。"general" 在 CGE 中被翻译为"一般",它在英文中还有综合的、全体的、普遍的、全局的等含义,这方面的含义应该更能体现 CGE 模型的特点。CGE 模型的结构和数据是基于社会核算矩阵,通过宏观经济结构关系完整地描述经济系统的运行,能够将各种各样的政策纳入数量分析框架中评价政策在总体经济范围内的实施和影响。因此,CGE 模型具有一般性,或整体性,主要适用于宏观经济政策研究,尤其擅长于评价经济政策对于总体经济的影响情况。

(2)均衡性(equilibrium)。CGE 模型把整个经济体看成一个由相互独立的单元(企业、居民、政府等)组成的完整的体系,以消费者追求效用最大化和生产者追求利润最大化行为理论为基础,模拟自由竞争市场条件下,商品及要素价格对整个市场均衡的调节机制,包括产品市场均衡、要素市场均衡、国际市场均衡、资本市场均衡、政府预算均衡、目标企业收支均衡、目标居民或家庭收支均衡等方面。

(3)可计算性(computable)。CGE 模型是可计算的而非纯理论性的，能够量化地分析问题并生成具体的数字结果，而不像理论均衡分析那样只能给出理论上或图表上的解释。CGE模型以社会核算矩阵为基础，社会核算矩阵描述了一个基准年度的经济，反映的实际上是基准年度的均衡解。CGE模型可以模拟政策变动对基准均衡的冲击，通过求解得到冲击后的新的一般均衡状态。

2.4.2 可计算一般均衡（CGE）模型的发展历程

CGE模型的发展主要基于两个学科，一是一般均衡理论，二是以社会核算矩阵为代表的国民经济核算方法。1874年瓦尔拉斯发表的《纯粹经济学要义》中第一次正式提出了一般均衡的概念。在20世纪50年代阿罗和德布鲁严格证明了一般均衡点的存在性、唯一性和稳定性以及解的最优化，由此一般均衡理论成为比较完整的体系。但这时也只是证明了均衡点是存在的，却没有办法找到均衡点。1960年约翰森提出的要素替代模型及线性化解法，建立了第一个CGE模型，但仍然是简单抽象的学术理论探讨，无法直接应用于实际。伴随着一般均衡理论的深入研究，世界范围的经济统计研究也有所发展。以库兹涅茨（1937）提出的国民收入账户以及列昂剔夫（1941）提出的投入产出方法为基础，1960年斯通等人根据英国经济数据构建了社会核算矩阵（SAM），成为世界上严格意义上的第一张SAM表。1968年联合国公布了一张88阶的社会核算矩阵，整合了投入产出表、收入流量表、投资和金融流量表、资产负债表等国民经济核算体系（system of national accounts，SNA）中的相关报表，形成了一个简洁而又完整的国民经济综合平衡系统。社会核算矩阵是一个综合数据框架，可以根据研究需要对机构部门等账户进行分解，成为经济系统量化分析的重要工具，也是CGE模型得以实际应用的数据基础。

20世纪70年代以来，CGE模型的相关研究日益活跃。主要原因有以下几个方面：一是经济计量模型对当时经济危机的经济解释无能为力。20世纪70年代，世界经济面临着能源价格的突然飙升、国际货币系统的突变、实际工资率的迅速提高等较大的冲击。由于经济计量模型没有严格理论基础作支撑，不能对这些冲击的影响作出有效的模拟评估。而 CGE 模型主要依据严格的经济理论，可以在没有历史经验的情况下对这些突发事件的可能影响进行分析。二是随着斯卡夫（1973）提出的一种基于计算机的求解大型 CGE 模型的可行性算法，计算机技术开始被广泛运用。一些求解 CGE 模型的软件，如通用代数建模系统（general algebraic modeling system，GAMS）、一般均衡建模软件包（general equilibrium modeling package，GEMPACK）等也被开发出来，计算能力大大增强。三是一般均衡理论和社会核算矩阵研究不断得到完善和成熟。伴随着计算机技术的发展和相关软件的研发，CGE 模型得到越来越广泛的应用，逐渐成为政策分析的重要工具及应用经济学的重要研究领域。在发展过程中，CGE 模型研究主要包括美国学派和澳大利亚学派。美国学派模型的数学表达方式和经济理论的数学模型表述一致，函数表述简洁，处理非线性函数精确，使用的是 GAMS 程序语言。澳大利亚学派则要将这些函数在均衡点附近线性化，用的是 GEMPACK 程序语言，优点是对计算机和解法程序功能要求不强。随着计算机和解法程序功能逐渐强大，澳大利亚学派的优点已不明显，美国学派逐渐成为主流。不过，澳大利亚学派的 CGE 模型在国际贸易方面应用比较广泛，如世界贸易分析项目（GTAP）的 CGE 模型很多是用 GEMPACK 的。

2.4.3 可计算一般均衡（CGE）模型的优势及局限性

可计算一般均衡（CGE）模型相对于经济计量模型、投入产出模型及线性规划模型等，具有一些显著的优势：

第一，CGE 模型依据于严密的经济学理论基础。CGE 模型是以微观经济理论为基础的宏观经济模型。由于有严密的经济学基础，使 CGE 模型模拟分析的结果更具有合理性和可行性。CGE 模型往往是根据某基准年度数据"校准"的，可以模拟以某基准年度受政策或外部冲击的情况。宏观经济计量模型往往缺乏严密的经济学理论基础，是根据观察到的某时间序列的历史数据进行拟合估计，使其不能模拟脱离趋势线的冲击的经济效应。

第二，CGE模型能内在刻画经济主体之间的相互作用。CGE模型依据于一般均衡理论，通过一系列的方程构建起经济各部门之间的内在联系，能充分反映各经济主体的联锁关系。当经济体遇到不管是政策冲击，还是外部的意外冲击，都会在整个经济体进行充分传导，影响各个经济主体的供求和价格的原有平衡，最终根据一般均衡原理形成新的均衡价格。因此，CGE模型是包括整个经济体的多部门模型，其对冲击变量的模拟更详细、更全面，既反映直接效应，又充分反映其间接效应，能够全面定量解析其综合结果。

第三，CGE模型使用非线性函数更符合实际情况。传统的投入产出模型使用的多是线性函数，并不能真实反映现实情况。CGE模型可以模拟国内生产和进口之间的不完全替代、国内销售与出口之间的不完全转换等非线性替代可能，是对传统的投入产出法的一种拓展，使其模拟结果更真实可信，也更有说服力。

可计算一般均衡（CGE）模型除了具备显著的优势，自身也存在一些局限性，主要表现在几个方面：（1）CGE模型需要的数据不太容易获得，或更新不及时。CGE模型以社会核算矩阵为数据基础，编制比较复杂。社会核算矩阵又以投入产出表的数据为基础，投入产出表由于其复杂性，更新往往不及时。研究收入分配需要大样本的家庭收入和支出数据，现有的家庭调查数据存在不足，特别是支出项目不够详尽。（2）CGE模型用于参数估计的基本数据来自一年的基础数据，因此参数估计对基年的选择会比较敏感。（3）绝大多数CGE模型描述的是一个特定时期的经济结构，基本上是一种比较静态分析方法，无法捕捉经济的动态演化机制。

第 3 章

改革开放以来税收参与及调节收入分配的演变过程

在国民收入分配中，政府主要通过税收参与国民收入的初次分配和再分配，并以此影响和调节居民收入分配。税收规模、税制结构及税种设置都会对居民收入分配格局有一定调节作用。其中，间接税参与国民收入的初次分配，并影响和调节居民收入初次分配；直接税参与国民收入的再分配，并影响和调节居民收入再分配。

改革开放以来，我国国民收入分配格局是不断变化的，税收制度也随着政治、经济及财政制度等的变革不断改革和完善。伴随着税制改革，税收参与及调节收入分配经历了不断演变的过程。本章首先简要回顾改革开放以来我国税制改革历程，再根据资金流量分析方法分别探讨间接税参与及调节收入初次分配的演变过程，直接税参与及调节收入再分配的演变过程。

3.1 改革开放以来我国税制改革历程回顾

1978 年中共第十一届三中全会的召开拉开了改革开放的序幕，也拉开了中国经济体制改革的序幕。改革开放 40 多年来，我国税收制度随着政治、经济及财政制度等的变革而进行着相应的变革，随着中国特色社会主义市场经济体制的逐步建立和完善不断演进，建立了基本符合市场经济要求的税收体制，并向匹配国家治理体系的现代税收制度迈进。税收收入总额由1978年的519.28亿元逐步提高到2018年156 401亿元①。总的来说，我国的税制改革进程可分为几个阶段：建立适应有计划的商品经济的税收制度（1978~1991年）；初步建立适应市场经济体制的税收制度（1992~2002年）；深化税制改革，实现内外资税制统一（2003~2012年）；逐步建立现代税收制度（2013年至今）。

3.1.1 建立适应有计划的商品经济的税收制度（1978~1991年）

改革开放初期，税收作为国家财政收入的主要来源和宏观调控的重要工具，其地位和作用得到了重新认识。随着对内改革、对外开放的逐步推进，经济体制从计划经济转向有计划的社会主义商品经济，原有计划经济下的税制已不能适应多种经济成分和多种经营方式并存的新形势，税制改革提上了重要的议事日程。

为了配合国家对外开放政策的实施，适应中国对外开放、利用外资的需要，首先要解决的是涉外征税的问题。就流通环节而言，对中外合资企业、外国企业和外国人继续征收工商统一税、城市房地产税和车船使用牌照税。就所得环节而言，1980年通过了《中外合资经营企业所得税法》和《中华人民共和国个人所得税法》，并于1981年通过了《外国企业所得税法》。这样就初步建立了一套涉外税收制度，基本满足了当时外商投资和对外经济技术交流与合作的需要。

在涉外税制初步建立的同时，内资企业的税制改革也全面展开。在建立有计划的商品经济的大背景下，工商税制进行了大规模恢复和重建。

---

① http：//gks.mof.gov.cn/zhengfuxinxi/tongjishuju/201901/t20190123_3131221.html.

在所得环节,突破了国营企业不征所得税的禁区,提出"税利分流"理论,实施两步"利改税"改革。第一步是"税利并存",国营企业开始向国家缴纳所得税;第二步是实行完全的"以税代利"。1984年国务院陆续颁布了国营企业所得税条例及国营企业调节税征收办法,国营企业开始全面向国家缴纳所得税,国营大中型企业还要缴纳国营企业调节税。1985年国务院颁布集体企业所得税暂行条例,集体企业开始缴纳企业所得税。1988年颁布私营企业所得税暂行条例,私营企业也开始缴纳企业所得税。此外,还开征了国营、集体及事业单位的奖金税等。

在流通环节,陆续出台及修订了产品税、增值税、营业税、工商统一税、关税、城市维护建设税等一系列行政法规。

1991年中外合资企业所得税法与外国企业所得税法合并为外商投资企业和外国企业所得税法。

至此,中国逐步建立起一套适应"有计划的社会主义商品经济"要求的,内外有别的,以流转税和所得税为主体,其他税种相配合的复合税制体系,该体系共有37个税种之多。

3.1.2 初步建立适应市场经济体制的税收制度(1992~2002年)

1992年党的十四大提出了建立社会主义市场经济体制的战略目标,为深化税制改革指明了方向,中华人民共和国成立以来规模最大、范围最广、内容最深刻的一次税制改革——"分税制"改革随之出台。

这次税制改革奠定了我国税制的基本框架。首先是流转税制的改革,出台了全国统一的比较规范的增值税制度、消费税制度和营业税制度,统一了内外流转税制。其次是所得税制的改革,取消了国营企业、集体企业和私营企业各自的企业所得税,合并为统一的内资企业所得税。取消了国营企业调节税和各种利润承包办法。取消了内外有别、不同所有制有别的个税制度,统一了内外个人所得税。最后是大幅度调整了其他税收制度，开征土地增值税和车辆购置税，扩大资源税征收范围，取消特别消费税、盐税、烧油特别税、集市交易税等税种。

3.1.3 深化税制改革，实现内外资税制统一（2003~2012年）

2003年党的十六届三中全会提出完善社会主义市场经济体制，作出了"分步实施税收制度改革"的战略部署。此后主要进行了外贸税制改革，农村税费改革，完善流转税和所得税，并逐步统一了内外资税收制度。

我国加入WTO后主动大幅度降低了关税税率，改革了增值税和消费税出口退税制度，适当降低出口退税率。

推行农村税费改革，先后取消了牧业税和屠宰税，2006年起取消农业税和农业特产税，对过去征收农业特产税的烟叶产品改征烟叶税。

逐步改革所得税制，多次修订个人所得税法，提高了个人所得税费用扣除标准。2008年起统一了内外资企业所得税法，大幅度降低了内资企业所得税税负。

进一步完善流转税制，修订了增值税、消费税和营业税暂行条例，实现了增值税全面转型，调整了消费税征税范围和税率。从2012年开始启动"营改增"改革，并在各个行业快速推进。

逐步推进内外资税制统一。2007年实现车船税和城镇土地使用税内外资统一；2008年实现耕地占用税的内外资统一；2009年实现房产税的内外资统一；2010年12月实现城市维护建设税和教育费附加的内外资统一；2011年11月实现资源税的内外资统一。统一内外资税制是完善社会主义市场经济体制的内在要求，有利于简化税制，公平税负，促进内外资企业公平竞争。

3.1.4 逐步建立现代税收制度（2013年至今）

2013年党的十八届三中全会提出"财政是国家治理的基础和重要支柱"。税制改革按照国家治理的要求进一步推进，减税降费与税收立法相伴而行，逐步建立起现代税收制度。

2016年5月起在所有行业全面推开营改增试点，营业税由此退出历史舞台。增值税税率2017年7月起由四档简并至三档，并在2018年和2019年两次下调为13%、9%和6%三档，成为减税降费的重要举措。

调整了消费税征收范围，不再对小排量摩托车、汽车轮胎等产品征收消费税，将电池、涂料纳入消费税征收范围。优化了消费税税率结构，提高成品油、卷烟和超豪华小汽车的税负水平，降低了高档化妆品的税率，进一步增强了消费税的调节功能。

2018年8月改革个人所得税制度，在建立综合与分类相结合税制方向上取得重大突破。将工资薪金、劳务报酬、稿酬和特许权使用费4项所得纳入综合征税范围，将基本减除费用标准提高到每人每月5 000元，设立子女教育、继续教育、大病医疗、住房贷款利息或者住房租金、赡养老人等6项专项附加扣除，并优化了税率结构。

税收法定进程在这一时期得到快速推进。"税收法定原则"在十八届三中全会首次写入党的重要文件。2015年3月15日，"税收法定原则"正式载入《中华人民共和国立法法》，标志着我国新一轮税制改革和税收立法正式步入"快车道"。环境保护税、烟叶税、船舶吨税法、耕地占用税及车辆购置税先后立法，其他税种的立法也写入了十三届人大立法规划。

3.2 间接税参与及调节收入初次分配的演变过程

资金流量核算是以全社会资金运动为对象的核算，主要是反映生产结束后的收入初次分配、再分配、消费、投资支出和资金融通，它逐渐成为研究分析国民总收入（GNI）分配和再分配的重要工具。资金流量表全面反映了资金流量核算情况，我国资金流量表由"实物交易"部分（也称收入分配部分）和"金融交易"部分组成，其中实务交易部分是研究国民收入分配的重要数据基础。1996年《中国统计年鉴》公布了1992年"资金流量表"，这是我国公布的第一张资金流量表。其后每年的中国统计年鉴都会披露2年或3年前的资金流量表，2018年《中国统计年鉴》披露了最新的2016年资金流量表。2012年中国统计年鉴根据财政部提供的全口径财政收支详细资料、国家外汇管理局修订后的国际收支平衡表数据，以及部分交易项目编制方法的调整，修订了2000~2009年实物交易资金流量表。2015年中国统计年鉴对1992~2013年资金流量表进行了系统修订，但仅提供了企业、政府与住户部门初次分配收入与可支配收入总额及比重数据，没有披露各部门的收入构成。郭庆旺等（2014）经过详细分析，测算了中国1978~1991年整体经济的资金流量表，为研究我国改革开放以来国民收入提供了重要的数据基础。

在资金流量表（实物交易部分）中，均统计出非金融企业部门、金融机构部门、政府部门和住户部门的资金流量，包括各部门反映国民收入初次分配的"初次分配总收入"和反映国民收入再分配的"可支配总收入"。这四大部门当年资金流量的"运用"和"来源"是平衡的，四大部门"可支配收入"项加总起来相当于当年国民总收入。

在政府部门的资金流量中，由"生产税净额""财产收入"和"营业盈余总额"三大部分构成政府的"初次分配总收入"，反映政府在国民收入初次分配的情况。生产税净额是政府初次分配总收入的主要部分，一般占80%~90%。其包括四部分：一是含在货物和服务价格中的、由生产者直接向政府缴纳的税金，如增值税、营业税、消费税、房产税等；二是不含在货物和服务价格中而由购买者直接缴纳的税金，如关税等；三是从专营专卖活动所获得的利润中上缴政府的专项收入和利润，如烟、酒等商品的专项收入；四是依照规定向政府支付的有关规费。前两部分主要是间接税，占生产税净额的绝大部分。因此，间接税是政府初次分配总收入的最主要部分，在政府参与国民收入初次分配中起着重要作用，对居民部门在国民收入中初次分配的份额和总量有重大影响。本部分以资金流量表和相关税收数据为基础，分析改革开放40多年来间接税对居民收入分配影响的演变过程。其中，资金流量表数据来源为：1978~1991年依据的是郭庆旺等测算的结果，1992~2013年依据的是2015年统计年鉴系统修订的结果，2014~2016年依据的是2016~2018年统计年鉴提供的数据。税收数据来源为：1999~2016年依据历年《中国财政年鉴》的"国家财政预算决算收支"表中的各项税收决算数，企业所得税和个人所得税之和为直接税，其他税收之和为间接税；1978~1998年没有完整的税收数据，特别是外商投资企业和外国企业所得税数据缺失，由于资金流量表中的生产税净额与间接税口径和数据接近，收入税与直接税基本一致，因此以生产税净额作为间接税收入，以收入税作为直接税收入。

改革开放以来，我国国民总收入保持了快速的增长。如表3-1所示，1978~2016年，在国民收入初次分配中，国民总收入年均增长率达到了15.20%。就部门收入来看，企业收入增长最快，年均增长率为15.94%，居民收入增速为15.74%，政府收入增速为14.18%。总体来说企业和居民年均增长率高于国民总收入增长率，政府收入年均增长率低于国民总收入增长率。间接税的年均增长率为14.24%，低于国民总收入增长率，也比居民收入增长慢了1.13%。

表 3-1　　　　　　　间接税与国民收入初次分配情况　　　　　单位：亿元

年份	企业	居民	政府	其中：间接税	年份	企业	居民	政府	其中：间接税
1978	1 030.6	1 881.6	754.8	652.1	1998	17 131.0	55 600.3	10 774.5	10 061.3
1979	981.2	2 205.1	876.4	746.8	1999	18 464.4	58 905.7	11 619.8	9 052.6
1980	956.3	2 581.0	1 008.3	792.3	2000	20 854.6	64 758.8	12 938.9	10 259.9
1981	999.4	2 827.0	1 065.1	871.1	2001	25 058.9	69 833.1	13 791.4	11 675.3
1982	876.2	3 179.6	1 274.8	931.1	2002	27 977.4	75 041.0	16 746.7	13 341.9
1983	960.9	3 569.2	1 455.6	1 141.0	2003	32 882.7	84 281.0	18 555.1	15 679.8
1984	1 102.8	4 353.4	1 787.6	1 385.6	2004	43 053.9	94 881.5	22 354.3	18 471.3
1985	1 413.3	5 410.7	2 216.7	1 757.9	2005	49 158.5	109 439.4	25 977.9	22 347.6
1986	1 373.9	6 285.3	2 615.2	2 087.4	2006	58 411.4	127 801.8	31 033.3	23 643.9
1987	1 271.8	7 679.8	3 098.9	2 241.9	2007	73 806.3	155 607.8	39 217.0	33 657.1
1988	1 769.7	9 750.0	3 517.1	2 448.5	2008	90 346.0	183 431.2	44 959.5	38 957.7
1989	2 134.8	11 096.1	3 770.1	2 705.6	2009	94 085.2	202 950.7	48 010.4	44 035.4
1990	2 016.5	12 879.1	3 823.1	3 005.0	2010	109 581.5	238 046.1	59 510.2	55 530.0
1991	2 499.3	14 732.1	4 595.2	3 316.2	2011	123 600.7	283 749.0	72 226.4	66 914.6
1992	4 869.7	17 894.8	4 317.5	3 730.0	2012	131 858.3	318 484.0	82 529.8	75 139.5
1993	7 791.2	22 138.9	5 520.3	4 942.9	2013	140 691.8	353 759.9	88 745.0	81 572.0
1994	10 563.3	31 396.3	6 410.7	5 793.1	2014	159 051.6	387 473.1	98 266.4	87 156.5
1995	13 976.1	38 719.6	7 450.6	6 895.9	2015	165 840.0	417 991.9	102 617.8	89 171.1
1996	14 102.8	47 422.8	9 012.6	8 205.6	2016	179 631.9	453 842.0	107124.8	91 420.4
1997	17 145.6	51 550.6	9 821.1	9 001.3					

资料来源：根据历年《资金流量表》和《中国财政年鉴》数据整理而来。

比较间接税和居民初次分配收入的增长情况及在国民总收入中的

比重变动,如图3-1所示,从总体来看,大致经历了三个阶段:第一阶段是1978~1992年,居民初次分配收入增长速度快于间接税增长速度;第二阶段是1993~2012年,间接税增长速度快于居民初次分配收入增长速度;第三阶段是2013~2016年,居民初次分配收入较间接税增速又有所加快。

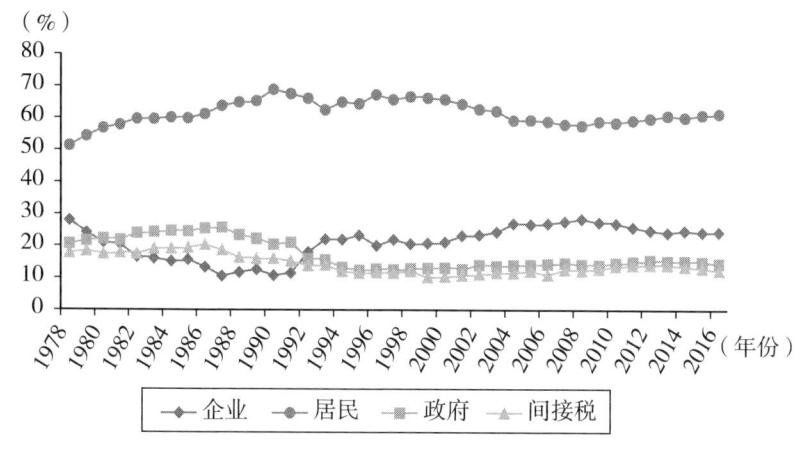

图3-1 间接税与国民收入的初次分配结构

资料来源:根据历年《资金流量表》和《中国财政年鉴》数据整理而来。

3.2.1 居民初次分配收入较间接税快速增长阶段(1978~1992年)

在此时期,居民初次分配收入年均增长17.56%,显著高于同期间接税13.43%的增长速度。居民部门初次分配占国民收入的比重持续上升,由1978年51.31%上升到1992年的66.08%,增加了接近15%之多;而间接税占国民收入的比重先升后降,由1978年的17.78%上升到1986年的20.32%,再逐年下降到1992年的14.23%。

该阶段居民部门初次分配收入绝对值及占国民收入的比重快速上升的原因,在于改革开放后极大地释放了市场活力和创新活力,调动了劳动者的积极性和主动性，生产效率大幅度提升。在农村实行家庭联产承包责任制改革，大幅提高了粮食产量和农副产品价格，乡镇企业也如雨后春笋般迅猛发展，农民收入快速增加；在城市实行国企改革，放权让利，使国企活力增强，民企不断涌现和快速发展，城镇居民收入水平大幅提高。在此期间，间接税收入保持了13.70%的快速增长，但整体增速慢于国民收入和居民部门的增速。这一阶段，是我国间接税改革和重建的重要时期，先后开征了产品税、增值税、营业税、特别消费税、关税、城市维护建设税、盐税、资源税、烧油特别税等一系列税种，间接税收入有了较快增长。但由于该时期主基调是放权让利，激发市场活力，加之征管水平和力度不足，使间接税增速落后于居民部门在收入初次分配中的增长速度，客观上也对居民收入的快速增长起到了促进作用。

3.2.2 间接税较居民初次分配收入快速增长阶段（1993～2012年）

在此时期，居民初次分配收入年均增长15.75%，增速较前一时期有所下降，也低于国民总收入的增长速度，居民部门初次分配占国民收入的比重持续下降，由1992年的66.08%逐年下降到2012年的59.77%。而同期间接税收入年均增长16.64%，超过了居民收入的增长速度。间接税占国民收入的比重先降后升，由1993年的13.94%下降到1999年的10.17%，再逐年上升到2012年的14.10%。

该阶段居民部门初次分配收入增速及占国民收入的比重都有所下降，主要原因在于劳动者报酬增长速度持续慢于国民总收入的增长速度。改革开放以来，我国释放了巨大的"人口红利"，劳动力的充分供给使得劳动力价格长期维持较低的水平，使得劳动者报酬的增速相对较慢。居民财产收入增长较慢也是居民部门在国民收入初次分配中比重下降的一个重要原因，我国居民的投资渠道狭窄，股市和债券市场投资渠道不畅，投资风险较大，银行储蓄是居民的主要金融投资渠道，而银行储蓄利率较低，且不断下调，使得居民财产收入增速较低。而这一时期间接税保持了较快的增长，主要有以下几方面原因：市场化程度不断提高，加入WTO后外贸持续快速增长，产业结构升级，企业经济效益的持续好转为间接税快速增长提供了坚实的经济基础；人口红利、技术模仿红利、工业化和城市化红利集中释放推动税收高速增长；分税制改革增强了各级税局，特别是地方政府征税的积极性，提高了税务机关人员的税收努力；分税制改革使流转税制日趋完善，征管水平日益提高，且增值税和营业税本身存在重复征税问题。

3.2.3 居民初次分配收入较间接税缓慢增长阶段（2013～2016年）

这一时期，我国经济进入新常态，经济从高速增长转为中高速增长，2013年至2016年国民收入年均增速为8.59%。居民部门初次分配收入年均增长9.26%，增速较前一时期有所下降，但高于国民收入的增长速度，居民部门初次分配占国民收入的比重有所回升，由2012年的59.77%上升到2016年的61.28%。而同期间接税收入年均增长仅为5.06%，低于国民收入增速，也大幅低于居民收入的增长速度。间接税占国民收入的比重有所下降，由2012年的14.10%下降到2016年的12.34%。

新常态下居民收入在国民收入初次分配中保持了较高增速，占比也有所提高，主要原因在于我国实施了一系列惠民政策。国家把扩大就业放在经济社会发展的突出位置，实施积极的就业政策，多渠道扩大就业，着力提高低收入者收入，提高居民收入在国民收入分配中的比重。我国劳动力市场供求状况也发生了一定变化，人口红利日益消退，促使劳动力价格有所提高，居民收入较快增长。而这一时期间接税收入年均增速只有5.06%，主要是因为我国实施了许多减税措施，有效降低了税负水平。营改增是我国自1994年分税制改革以来一次重大的税制改革，能够完善税收体制，消除重复征税。自2012年试点以来，营改增减税成效显著，到 2017 年底累计已减税 2.1 万亿元[①]。2018 年，我国实施了大规模的减税降费，全年减税降费规模约达 1.3 万亿元[②]。这些减税降费措施，一方面降低了间接税增速，另一方面使居民在国民收入初次分配中保持了较快增长。

3.3 直接税参与及调节收入再分配的演变过程

在资金流量表中，"初次分配总收入"加上"经常转移"形成居民、企业和政府部门的"可支配总收入"，反映各部门在国民收入再次分配中的情况。企业部门的经常转移中支出部分主要是"收入税"和"其他经常转移"，收入部分来自"其他经常转移"。居民部门的经常转移中支出部分主要是"收入税"和"其他经常转移"，收入部分来自"社会保险福利""社会补助"和"社会保险缴款"。政府部门的经常转移中收入部分来自"收入税"和"社会保险缴款"，支出部分主要是"社会保险福利""社会补助"和"其他经常转移"。1994 年分税制改革之前，企业缴纳的收入税有国有企业所得税、集体企业所得税、私营企业所得税、外商投资和外国企业所得税、外国企业所得税、中外合资经营企业所得税、工商所得税等；1994 年之后，企业缴纳的收入税是内资企业所得税，外商投资和外国企业所得税，2008 年后内外资企业所得税法合并，企业缴纳的收入税就是企业所得税。另外，在 1985 年实行国有企业"利改税"改革之前，企业不缴纳企业所得税，而是上缴利润，企业上缴利润也视作是收入税。个人缴纳的收入税在 1994 年之前是个人所得税、个人收入调节税、奖金税、工资调节税、城乡个体工商户所得税等，1994 年之后是个人所得税。直接税及企业、居民和政府部门的国民收入再分配的具体情况见表 3-2。

[①] http://news.163.com/18/0330/11/DE54TP5T0001875N.html.
[②] http://www.xinhuanet.com/politics/2019-01/09/c_1123968793.htm.

表3－2　　　　直接税与国民收入再分配情况　　　　单位：亿元

年份	企业	居民	政府	其中：间接税	年份	企业	居民	政府	其中：直接税
1978	553.6	1 911.6	1 201.7	477.0	1998	14 653.6	57 286.2	11 920.2	1 194.9
1979	570.1	2 306.4	1 186.2	411.1	1999	17 149.5	59 613.8	12 635.7	1 630.0
1980	474.7	2 719.1	1 351.9	481.6	2000	19 200.5	65 484.2	14 399.9	2 321.7
1981	545.1	3 008.0	1 338.4	454.4	2001	22 518.3	70 437.0	16 431.1	3 626.1
1982	434.8	3 369.6	1 535.5	453.3	2002	25 524.3	75 669.6	19 645.8	4 294.6
1983	497.5	3 794.8	1 703.5	467.8	2003	30 011.7	85 042.6	22 108.8	4 337.6
1984	538.6	4 613.0	2 102.5	555.3	2004	39 325.0	95 905.2	26 954.7	5 694.4
1985	605.5	5 719.4	2 722.9	797.0	2005	44 220.6	109 841.8	32 468.3	6 430.9
1986	666.1	6 597.3	3 024.1	697.7	2006	51 985.5	128 123.2	39 375.3	8 560.0
1987	584.7	8 036.4	3 437.9	671.9	2007	64 948.9	155 432.6	51 070.7	11 964.8
1988	1 068.1	10 140.9	3 843.4	684.7	2008	78 817.4	184 002.0	58 914.5	13 403.3
1989	1 403.4	11 508.4	4 103.5	718.5	2009	82 492.4	203 755.2	60 961.3	15 486.2
1990	1 321.0	13 316.9	4 162.3	737.7	2010	96 888.9	239 384.3	73 618.8	17 680.8
1991	1 794.1	15 343.1	4 847.8	757.0	2011	105 568.3	285 192.2	90 410.2	22 823.8
1992	3 646.0	18 649.2	4 850.5	1 021.4	2012	109 742.0	320 793.2	102 553.7	25 474.8
1993	6 439.1	22 987.6	6 091.2	896.5	2013	115 167.6	357 113.4	110 376.0	28 958.7
1994	9 021.9	32 426.3	7 037.4	712.4	2014	132 195.1	391 110.0	121 574.2	32 018.8
1995	11 867.5	39 882.3	8 516.5	884.6	2015	135 840.5	422 629.2	127 186.1	35 751.1
1996	11 603.7	48 808.8	10 302.7	1 004.7	2016	148 058.6	459 534.7	132 368.5	38 940.3
1997	13 987.2	53 682.0	11 274.4	1 191.6					

资料来源：根据历年《资金流量表》和《中国财政年鉴》数据整理而来。

改革开放以来，我国国民收入再分配中企业、居民和政府的可支配总收入占国民总收入的比重，与初次收入中的占比相比发生的较大变化，如图3-2所示。企业部门的经常转移一般为负，收入税支出大于其他经常转移净流入，导致可支配总收入小于初次分配总收入。居民部门的经常转移一般为正，社会保险福利、社会补助和其他经常转移净流入大于收入税和社会保险缴款，导致可支配总收入大于初次分配总收入。政府部门的社会保险缴款一般大于社会保险福利，社会补助和其他经常转移支出远小于直接税，经常转移为正，可支配总收入大于初次分配总收入，增加部分主要来自收入税。资金流量表中的收入税包括企业所得税和个人所得税，也就是直接税。直接税的大小对国民收入再分配，特别是居民的可支配收入有重要影响。

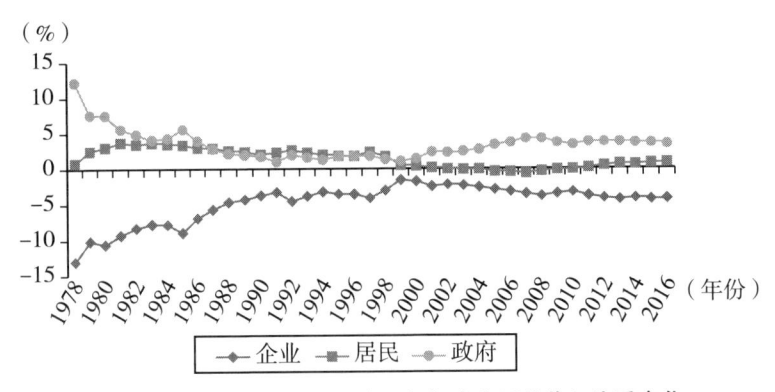

图 3-2　各部门可支配总收入与初次分配总收入比重变化

注：因相关数据引自资金流量表，一般要滞后两三年，最新数据截至2016年。

比较直接税和居民可支配收入的增长情况及在国民总收入中的比重变动，如图3-3所示，从总体来看，大致经历了两个阶段：第一阶段是1978~1996年，居民可支配收入增长速度快于直接税增速；第二阶段是1997~2016年，直接税增长速度快于居民可支配收入增速。

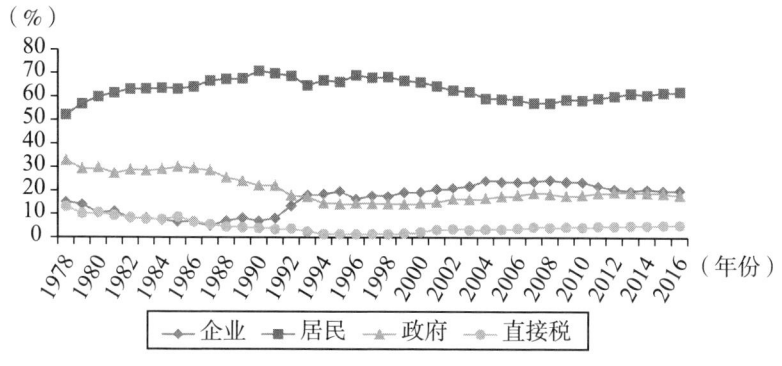

图 3-3 直接税与国民收入的再分配结构

注：因相关数据引自资金流量表，一般要滞后两三年，最新数据截至 2016 年。

资料来源：根据历年《资金流量表》和《中国财政年鉴》数据整理而来。

3.3.1 居民可支配收入较直接税快速增长阶段（1978~1996 年）

在此时期，居民可支配收入年均增长 19.91%，占国民收入的比重持续上升，由 1978 年 52.13% 上升到 1996 年的 69.02%，增加了接近 17%。与初次分配总收入相比，居民可支配收入占国民收入比重有年均 2.61% 的上升。这一时期，由于个人收入不高，税收征管能力有限，居民部门支出的个人所得税规模较低。就社会保险来说，居民向政府缴纳的养老保险、医疗保险等社会保险费，低于居民享受到的政府提供的各种社会保险。居民部门每年还会享受到社会补助和其他经常转移收入。因此，居民可支配收入较初次分配总收入略有提高。

这一时期，直接税年均增长速度仅为 5.49%，占国民收入的比重也持续下降，由 1978 年的 13.01% 下降到 1996 年的 1.42%，下降幅度巨大。同期政府可支配总收入占国民收入的比重相较于初次分配总收入的上升幅度，由 1978 年 12.19% 下降到 1996 年的 1.79%。可以看出，直接税占国民收入比重的持续下降，是政府在国民收入再分配中增幅下降的主要原因，也是居民可支配收入上升的重要原因。直接税增长缓慢的原因在于改革开放之初国家实行了大幅度的减税让利政策。为了调动企业的积极性，20 世纪 80 年代，实行两步"利改税"改革，国有企业由全额上缴利润改为按利润 55% 上缴税收。为吸引外资企业，给予外商投资企业很多的税收优惠政策，如获利年度起两免三减半的企业所得税优惠。同时，居民个人收入较低，个别收入高的也多为灰色收入，造成政府的个人所得税收入较低，1990 年个人所得税也仅有 21.13 亿元，到 1996 年增加到 193.06 亿元，在直接税中比重较低。

3.3.2 直接税较居民可支配收入快速增长阶段（1997~2016 年）

在此时期，居民可支配收入年均增长速度降为 11.96%，占国民收入的比重先降后升，由 1997 年 68% 下降到 2008 年的 57.19%，又逐年上升到 2016 年的 62.10%。与初次分配总收入相比，居民可支配收入略高一点，但幅度很小。这一时期，居民部门缴纳的个人所得税有较大幅度的提高，个税支出从 1996 年不到 200 亿元已增长到 2016 年的过万亿。居民向政府缴纳的养老保险、医疗保险等社会保险费，已逐渐超过居民享受到的政府提供的各种社会保险。居民部门每年享受到社会补助和其他经常转移收入比个税及社保支出略高，有些年份大体持平。

从 1997 年到 2016 年这二十年间，直接税年均增长速度达到了惊人的 20.86%，占国民收入的比重也持续上升，由 1997 年的 1.51% 上升到 2016 年的 5.26%。同期政府可支配总收入占国民收入的比重相较于初次分配的比重平均上升了 2.98%。直接税的快速增长，造成了政府在国民收入再分配中占比的上升，也是居民可支配收入占比下降的重要原因。随着我国市场经济体制的日益完善，加入 WTO 后对外开放的进一步深入，整个国民经济持续快速增长，企业经营效益大幅提高，个人收入水平迅速增长，这极大地增加了企业所得税和个人所得税的税源，而税收征管水平的逐步提高也对直接税的快速增长提供了保证。尽管这一时期我国进行了诸多税制改革，出台了一系列企业所得税和个人所得税的降税措施，但国民经济的快速发展仍使所得税保持了长期快速增长。

第 4 章

税收调节居民收入分配的 CGE 模型构建及数据基础

4.1 税收调节居民收入分配的 CGE 模型的构建

为了研究税收调节居民收入分配问题，本书根据我国经济和税制结构的特点，在标准 CGE 模型的基础上，基于完全竞争与要素自由流动等假设，构建了一个涵盖所有税种和异质性居民的可计算一般均衡（CGE）模型，包括生产模块、对外贸易模块、居民模块、企业模块、政府模块和市场均衡模块，共 35 个方程组成。该 CGE 模型具有如下特征：（1）包含 42 个细分的生产部门。根据我国 2012 年 42 部门投入产出表的分类，将生产细分为 42 部门，各个产业部门具有不同的投入和产出结构，从而更好地反映生产部门间的差异，并有利于分析不同部门的税负情况。（2）引入异质性居民。根据收入水平，将城镇居民划分为七组，农村居民划分为五组，不同收入组居民的收入和支出结构不同，承担税负不同，使分析税收调节居民收入分配成为可能。（3）包括增值税、营业税、消费税、其他间接税、企业所得税和个人所得税等现行所有税种。根据各个税种的征收特点及重要性，将所有税种恰当嵌入到模型当中去。增值税、营业税、消费税、其他间接税属于间接税，其中增值税是对商品的增值额征税，增值额包括劳动要素投入和资本要素投入；营业税、消费税、其他间接税的征收依据主要是商品和劳务的销售额。企业所得税和个人所得税属于直接税，企业所得税是以企业的资本收益为课税对象，个人所得税是以个人取得的各种所得额为课税对象。

4.1.1 生产模块

模型根据我国投入产出表的分类，将产业细分为 42 个生产部门。模型假设每个生产部门有一个竞争性企业，每个企业生产一种产品。每个生产者按利润最大化或成本最小化的原则根据市场价格来决定其要素投入与产出的数量和价格。生产的投入包括中间投入、劳动和资本投入，产品的产出根据利润最大化原则按常弹性转换（CET）函数在出口和国内市场间分配。在世界市场上所有生产者被看作价格接受者，但在国内市场上对价格则有影响。产品的最终价格中含有增值税、营业税和其他流转税。

模型使用两层嵌套的生产函数来描述厂商的生产行为。假定资本和劳动完全流动。假定生产的规模报酬不变，这意味着平均成本和边际成本不变，也意味着供给弹性为无限大，从而忽略了供给弹性对经济效率的影响，集中分析需求因素对经济效率的影响。生产者按照利润最大化的原则根据商品和生产要素的市场价格决定其生产商品和投入要素的数量。生产投入包括中间投入及生产要素的投入，以固定替代弹性（Constant Elasticity of Substitution，CES）生产函数来形成商品的总供给，这是第一层生产函数。第二层生产函数包括中间投入部分的生产函数和增加值部分的生产函数。中间投入部分的生产函数是列昂惕夫生产函数，增加值部分的生产函数也是固定替代弹性（CES）生产函数。

特别需要说明的是，流转税已经根据其原理设置在模型中。营业税、消费税、其他间接税及生产补贴在公式（4.3）中被刻画，增值税在公式（4.6）中被刻画。其中营业税、消费税、其他间接税及生产补贴是以营业全额为计税依据，增值税由将中间投入品中所含的进项税额扣除，相当于仅对增加值课税。

第一层总生产函数为固定替代弹性（CES）生产函数，总产出 QA 由增加值 QVA 与中间投入总量 QINTA 决定，该 CES 函数是非线性的，各投入部分 QVA 与 QINTA 之间的比例随着相对价格的变化而变化，即不同投入部分之间存在着替代性。PA、PINTA、PVA 分别是总产出、中间投入和增加值的价格。λ_a^a 是函数的规模参数，β_a^a 和 $1-\beta_a^a$ 是增加值和中间投入的份额参数，ρ_a^a 是替代弹性参数。营业税、消费税、其他间接税和生产补贴是在生产环节征收的税收和补贴，计税依据主要是商品和劳务的销售额。有些税种是价内税，计税销售额包括了税收本身，有些税种是价外税，计税销售额不包括税收。本书研究税收对居民收入分配的影响，使用的是实际税率，即生产活动部门的各个税种的实际税收占本部门销售额的比重，为了简便起见，假定营业税、消费税、其他间接税和生产补贴均为价外税，包含在 PA 之中，而在 PINTA、PVA 之外，其税率或补贴率分别为 $tbus_a$、$tcoms_a$、$toth_a$ 和 $tsub_a$。该层生产函数最优化条件下的数量和价格表达式如下：

$$QA_a = \lambda_a^a [\beta_a^a QVA_a^{\rho_a^a} + (1-\beta_a^a) QINTA_a^{\rho_a^a}]^{\frac{1}{\rho_a^a}}, \ a \in A \quad (4.1)$$

$$\frac{PVA_a}{PINTA_a} = \frac{\beta_a^a}{(1-\beta_a^a)} \left(\frac{QINTA_a}{QVA_a}\right)^{1-\rho^a}, \ a \in A \quad (4.2)$$

$$PA_a \cdot QA_a = (1 + tbus_a + tcoms_a + toth_a + tsub_a) \cdot (PVA_a \cdot QVA_a + PINTA_a \cdot QINTA_a), \ a \in A$$
$$(4.3)$$

第二层增加值部分的生产函数为固定替代弹性（CES）生产函数，增加值 QVA 由劳动投入量 QLD 与资本投入量 QKD 决定，该函数是非线性的，QLD 与 QKD 之间存在着替代性，其投入比例随着相对价格的变化而变化。PVA、WL、WK 分别是增加值、投入的劳动和资本的价格。λ_a^{va} 是函数的规模参数，β_a^{va} 和 $1-\beta_a^{va}$ 是劳动投入和资本投入的份额参数，ρ_a^{va} 是替代弹性参数。增值税是价外税，包含在 PVA 之中，而在 WL 和 WK 之外，其实际税率为 tva_a，实际税率可由各行业实际征收的增值税税额与行业劳动投入和资本投入之和的比值得到。该层生产函数最优化条件下的数量和价格表达式如下：

$$QVA_a = \lambda_a^{va}[\beta_a^{va}QLD_a^{\rho_a^{va}} + (1-\beta_a^{va})QKD_a^{\rho_a^{va}}]^{\frac{1}{\rho_a^{va}}}, \ a \in A \quad (4.4)$$

$$\frac{WL}{WK} = \frac{\beta_a^{va}}{(1-\beta_a^{va})}\left(\frac{QKD_a}{QLD_a}\right)^{1-\rho_a^{va}}, \ a \in A \quad (4.5)$$

$$PVA_a \cdot QVA_a = (1+tva_a) \cdot (WL \cdot QLD_a + WK \cdot QKD_a), \ a \in A \quad (4.6)$$

中间投入部分的生产函数是列昂惕夫生产函数，该函数是线性的，各个部门的投入部分之间的比例固定，相对价格的变化不会影响各部分的投入比例，也即不同投入部分之间不存在替代关系。在开放经济下，中间投入使用包括国内生产的和进口的加总的国内商品供应，即 QQ，其价格为 PQ。商品 QQ 的集合为 C，包括进口商品但不包括出口商品。ica_{ca} 为中间投入部分的投入产出直接消费系数，指要生产一个单位 a 部门的总中间投入，需要使用多少 c 部门的商品。$QINTA_a$ 为各个部门的中间投入总量，$QINT_{ca}$ 为各个部门的中间投入个量。该层生产函数最优化条件下的数量和价格表达式如下：

$$QINT_{ca} = ica_{ca} \cdot QINTA_a, \ a \in A, \ c \in C \quad (4.7)$$

$$PINTA_a = \sum_{c \in C} ica_{ca} \cdot PQ_c, \ a \in A \quad (4.8)$$

各个部门的生产活动的产出最终要转化为对应的商品，QX_c 为国内生产活动产出的商品 c 的数量，PX_c 为生产活动产出的商品 c 的价格，SAX_{ac} 为从活动 a 和商品 c 的固定比例关系矩阵，生产活动的产出 QA 到商品 QX 的关系通过如下公式进行转换：

$$QA_a = \sum_c sax_{ac} \cdot QX_c, \ a \in A, \ c \in C \quad (4.9)$$

$$PX_c = \sum_a sax_{ac} \cdot PA_c, \ a \in A, \ c \in C \quad (4.10)$$

4.1.2 对外贸易模块

国内生产的商品 QX 分为国内销售 QD 和出口 QE 两部分，这两者之间如何分配会受到国内外价格的影响，这个关系用固定弹性转换（CET）函数来描述。该函数是非线性的，QD 与 QE 之间存在着替代性，其比例随着相对价格的变化而变化。PD、PE 分别是国内销售和出口的价格。λ_c^t 是函数的规模参数，β_c^t 和 $1-\beta_c^t$ 是国内销售和出口的份额参数，ρ_c^t 是替代弹性参数。该层生产函数最优化条件下的数量和价格表达式如下：

$QE_c > 0$ 的情况下：

$$QX_c = \lambda_c^t [\beta_c^t QD_c^{\rho_c^t} + (1-\beta_c^t) QE_c^{\rho_c^t}]^{\frac{1}{\rho_c^t}}, \frac{1}{\rho_c^t} > 1, c \in C \quad (4.11)$$

$$\frac{PD_c}{PE_c} = \frac{\beta_c^t}{(1-\beta_c^t)} \left(\frac{QE_c}{QD_c}\right)^{1-\rho_c^t}, c \in C \quad (4.12)$$

$QE_c = 0$ 的情况下：

$$QX_c = D_c, c \in C \quad (4.11')$$

$$PX_c = PD_c, c \in C \quad (4.12')$$

$$PX_c \cdot QX_c = PD_c \cdot QD_c + PE_c \cdot QE_c, c \in C \quad (4.13)$$

$$PE_c = pwe_c \cdot EXR, c \in C \quad (4.14)$$

国内市场销售的商品 QQ 由进口 QM 和国内生产国内销售 QD 的商品两部分组成，它们之间的关系用固定替代弹性 CES 函数来表示。进口使用了 Armington 的假设。进口品 QM 与国内生产国内销售的商品 QD 之间可以相互替代，但不具有完全替代性，该函数是非线性的，其比例随着相对价格的变化而变化。PQ 是国内市场销售商品的价格，PM 是进口商品的价格。λ_c^q 是函数的规模参数，β_c^q 和 $1-\beta_c^q$ 是国内销售和进口的份额参数，ρ_c^q 是替代弹性参数。该层生产函数最优化条件下的数量和价格表达式如下：

$QM_c > 0$ 的情况下：

$$QQ_c = \lambda_c^q (\beta_c^q QD_c^{\rho_c^q} + (1-\beta_c^q) QM_c^{\rho_c^q})^{\frac{1}{\rho_c^q}}, c \in C \quad (4.15)$$

$$\frac{PD_c}{PM_c} = \frac{\beta_c^q}{(1-\beta_c^q)} \left(\frac{QM_c}{QD_c}\right)^{1-\rho_c^q}, c \in C \quad (4.16)$$

$QM_c = 0$ 的情况下：

$$QQ_c = QD_c, c \in C \quad (4.15')$$

$$PQ_c = PD_c, c \in C \quad (4.16')$$

$$PQ_c \cdot QQ_c = PDC_c \cdot QDC_c + PM_c \cdot QM_c, c \in C \quad (4.17)$$

$$PM_c = pwm_c \cdot EXR, c \in C \quad (4.18)$$

4.1.3 居民模块

居民模块描述居民在收入约束下的效用最大化,假定效用函数为柯布—道格拉斯(Cobb – Douglas,CD)效用函数。其形式为:

$$U = \prod_{c=1}^{n} QH_c^{shrh_c}, \quad \sum_c shrh_c = 1$$

其中,QH_c 表示居民对商品 c 的消费需求量,$shrh_c$ 为科布—道格拉斯效用函数的幂,也是居民支出中商品 c 的份额。

居民向要素市场提供劳动和资本,并获取要素市场上的劳动与资本回报,同时还有来自政府对居民的转移支付。居民的资本收益缴纳企业所得税,劳动报酬和从政府取得的转移支付缴纳个人所得税。居民缴纳企业所得税和个人所得税之后形成可支配收入,用于消费与储蓄。

YH_h 表示居民 h 的收入,QLSAGG 与 QKSAGG 分别表示劳动总供给与资本总供给,YH_h 为劳动要素总供给中居民 h 的份额,$shif_{hk}$ 为资本要素总供给中居民 h 的份额,QH_{ch} 为居民 h 对商品 c 的消费量,$shrh_{ch}$ 为居民 h 对商品 c 的消费份额参数,$transfr_{hgov}$ 表示政府对居民 h 的转移支付,mpc_h 表示居民 h 的边际消费倾向,ti_h 为居民 h 的个人所得税税率,ti_{ent} 为企业所得税税率。

居民收入表达式如下:

$$YH_h = WL \cdot shif_{hl} \cdot QLSAGG + WK \cdot shif_{hk} \cdot QKSAGG$$
$$+ transfr_{hgov}, \quad h \in H \qquad (4.19)$$

居民在收入约束下最大化其柯布—道格拉斯效用函数,导出的居民 h 对商品 c 的最优消费需求是:

$$Q_C \cdot QH_{ch} = shrh_{ch} \cdot mpc_h \cdot (1 - ti_h) \cdot$$
$$(YH - WK \cdot shif_{hk} \cdot QKSAGG), \quad c \in C, h \in H$$
$$(4.20)$$

4.1.4 企业模块

企业拥有部分资本禀赋,其收入 YENT 主要来源于要素市场中的资本收益，$shif_{entk}$ 为资本要素总供给中企业的份额。企业要向政府缴纳企业所得税，税率为 ti_{ent}，剩下的部分为企业储蓄 ENTSAV。企业行为表达式如下：

$$YENT = shif_{entk} \cdot WK \cdot QKSAGG \quad (4.21)$$

$$ENTSAV = (1 - ti_{ent})YENT \quad (4.22)$$

$$EINV = \sum_c PQ_c \cdot \overline{QINV_c}, \quad c \in C \quad (4.23)$$

4.1.5 政府模块

本模型中，政府收入 YG 主要来自增值税、营业税、消费税、其他间接税、生产补贴、企业所得税和个人所得税等各类税收，也有少部分来自国外对政府的转移支付 $tranfr_{grow}$。政府支出 EG 用于购买公共产品、行政性开支以及转移支付等，政府的收支差额为政府储蓄 GSAV。

$$\begin{aligned}YG =\ &\sum_a tva_a(WL \cdot QLD_a + WK \cdot QKD_a) \\ &+ \sum_a \frac{tbus_a + tcom_a + toth_a + tsub_a}{1 + tbus_a + tcom_a + toth_a + tsub_a} \cdot PA_a \cdot QA_a \\ &+ ti_h \cdot YH \cdot shif_{hk} \cdot QKSAGG) + ti_{ent} \cdot WK \cdot QKSAGG \\ &+ tranfr_{grow}, \quad a \in A, \ h \in H \quad (4.24)\end{aligned}$$

$$EG = \sum_c PQ_c \cdot \overline{QG_c} + \sum_h tranfr_{hgov} + tranfr_{rowg}, \quad c \in C, \ h \in H \quad (4.25)$$

$$GSAV = YG - EG \quad (4.26)$$

4.1.6 市场均衡模块

模型假设商品市场完全竞争，所有商品价格具有弹性，因此可以实现市场出清与均衡。其中 PGDP 表示 GDP 价格指数。

商品市场均衡：

$$QQ_c = \sum_a QINT_{ca} + \sum_h QH_{ch} + \overline{QINV_c} + \overline{QG_c}, \quad a \in A, \ c \in C \quad (4.27)$$

要素市场均衡：

$$\sum_a QLD_a = QLSAGG, \quad a \in A \quad (4.28)$$

$$\sum_a QKD_a = QKSAGG, \quad a \in A \quad (4.29)$$

国外市场均衡：

$$\sum_c pwm_c \cdot QM_c + transfr_{rowg} = \sum_c pwe_c \cdot QE_c + \overline{FSAV}$$
$$+ transfr_{grow}, \quad c \in C \quad (4.30)$$

本书研究的是在短期内税收负担的归宿和收入分配问题，因此按照短期内处理劳动和资本供给的一般方法，假设宏观闭合采用新古典均衡条件，劳动和资本供给不变。

$$QLSAGG = \overline{QLSAGG} \quad (4.31)$$

$$QKSAGG = \overline{QKSAGG} \quad (4.32)$$

投资与储蓄相平衡：

$$EINV = \sum_h (1 - mpc_h)(1 - ti_h) \cdot (YH - ti_{ent} \cdot WK \cdot shif_{hk} \cdot QKSAGG)$$
$$+ ENTSAV + GSAV + FSAV \quad (4.33)$$

$$GDP = \sum_c (QH_c + \overline{QINV_c} + \overline{QG_c} + QE_c - QM_c), \quad c \in C$$
$$(4.34)$$

$$PGDP \cdot GDP = \sum_c PQ_c \cdot (\sum_h QH_{ch} + \overline{QINV_c} + \overline{QG_c})$$
$$+ \sum_c PE_c \cdot QE_c - \sum_c PM_c \cdot QM_c, \quad c \in C, \ h \in H$$
$$(4.35)$$

4.2 中国社会核算矩阵（SAM）的编制

4.2.1 中国社会核算矩阵的结构

自 1987 年以来，国家统计局已先后正式公布了 1987 年、1992 年、1997 年、2002 年、2007 年和 2012 年六张普查型投入产出表

(Input - Output，简称 IO 表）。本书采用 2012 年投入产出表数据，在此基础上生成社会核算矩阵（SAM）。

社会核算矩阵是建立可计算一般均衡模型的最重要的基础数据库。SAM 从数学角度来说就是一个方阵：$X = \{x_{ij}\}$，x_{ij} 表示账户 i 从账户 j 中获得的收入，也是账户 j 对账户 i 的支出。在 SAM 中，商品及服务从行流到列，对应的资金则从列流向行。矩阵中的每一账户的收入对应其他一个或几个账户中的支出，每一个非零元素从行来看表示从所在列得到的收入，从列来看则表示对应行的支出。根据收支平衡的经济核算原则，矩阵中任一账户行所表示的收入（即行的合计数）都与列所表示的支出（即列的合计数）相等，由此建立完整的宏观社会核算矩阵。

宏观 SAM 从整体上描述了一个社会经济体系的全面的、统一的研究框架，但是要进一步具体分析经济体系内部的相互关系，就需要对数据进行详细的划分，即构建微观的 SAM。由于我国很多 SAM 的编制均是为特定的 CGE 模型建模服务的，因此不同研究中所采用的 SAM 的账户结构、编制方法等均有所不同，而且并非完全基于统一的数据来源。为了保证一些重要账户数据的原始性和真实性，同时为了确保政策分析的准确性，本书参照范金、杨中卫、赵彤（2010）的余项平衡法。在 SAM 编制过程中，先将那些可以直接从官方统计资料中获得的统计数据填入表中，而将那些含义不甚明确或者重要性不是很强的科目作为整个账户的平衡项来处理。

根据经济运行的实际情况和税收调节收入分配研究的需要，本书将社会核算矩阵的行分为 12 个部门，分别是活动、商品、劳动、资本、生产税净额、企业所得税、个人所得税、居民、企业、政府、投资与储蓄和国外，相应的列也为这 12 个部门。其中又将生产税净额进一步细分为增值税、消费税、营业税、其他生产税金及生产补贴 5 类；将活动和商品根据 42 部门投入产出表分别细分为 42 部门；将居民分为农村居民及城镇居民，农村居民根据收入水平细分为 5 组，城镇居民根据收入水平细分为 7 组。

活动指产业部门的生产活动，其收入来自产品的国内供给；其支出用于生产过程中的中间投入、支付劳动、资本等生产要素的报酬，交纳生产税和获取生产补贴。

商品在社会核算矩阵中是各种产品的综合，其收入来源于生产部门的中间投入、居民消费、政府消费、资本投资、库存商品增加以及出口；其支出来自国内生产和从国外的进口。

劳动账户主要反映劳动要素的投入以及该要素收入的分配，行表示劳动要素投入带来的收入，列表示该要素收入在不同居民间的分配。

资本账户主要核算资本要素的收入及其分配，行反映资本要素的收入，列反映资本要素收入在居民及企业间的分配。

生产税净额指政府对生产单位从事生产、销售和经营活动以及因从事这些活动使用某些生产要素所征收的各种生产税金及生产补贴。生产税金包括增值税、营业税、消费税、城建税、关税、土地增值税、资源税、车辆购置税、烟叶税、契税、房产税、城镇土地使用税、车船税、印花税等。其中，增值税、营业税、消费税是最重要的三种生产税，2012年三种税收收入占生产税总额的70%以上。为了更好地分析各个税种对居民收入分配的调节，本书根据重要性原则在SAM表中将生产税分为增值税、营业税、消费税、其他间接税。生产补贴指政府对生产经营单位的政策亏损补贴、价格补贴和出口企业的出口退税等补贴。

企业所得税是对资本要素收入征收的一种税，收入来源于企业和居民的资本收入；支出属于政府收入。

个人所得税是对劳动者报酬收入征收的一种税，收入来源于居民的劳动者报酬收入；支出属于政府收入。

居民收入来源于工资（即劳动收入）、资本收入、从政府得到的转移支付；居民支出用于居民消费、向政府缴纳的个人所得税及居民储蓄。

企业的收入是指企业的资本要素收入；其支出有企业储蓄、向政府缴纳的企业所得税。

政府的收入来源于生产部门的增值税、营业税、消费税及其他税金、资本收入所缴纳的企业所得税、劳动者报酬所缴纳的个人所得税、来自国外的转移收入；政府的支出用于政府的消费、政府给居民的补贴、政府对国外的支付和政府储蓄。

国外的收入来源于进口和政府对国外的支付，其支出用于出口、对政府的转移支付以及国外储蓄。

投资与储蓄账户核算的是总投资与总储蓄，其行表示居民、企业、政府及国外等各账户收支结余情况，合计为总储蓄；其列反映了总投资，表现为当前的固定资本形成、存货的净增加及政府债务收入。

4.2.2 中国社会核算矩阵的编制过程

4.2.2.1 活动账户

活动账户主要核算国内厂商生产活动的总投入和总产出。从行的角度来看，活动账户反映了国内厂商的总产出，其中总产出来源于商品账户中的国内总产出。从列的角度来看，活动账户反映了国内厂商的总投入，包括中间投入和最初投入，其中最初投入又包括要素投入、缴纳的生产税和获取的生产补贴。活动账户的复式记账的核算结果如表4-1所示。

表4-1　　　　中国社会核算矩阵的活动账户　　　　单位：万元

总投入		总产出	
中间投入	10 648 269 124.86	国内总产出	16 016 270 834.40
劳动投入	2 641 340 939.21		
资本投入	1 990 598 517.79		
生产税净额			
增值税	265 329 185.00		

续表

总投入		总产出	
营业税	157 512 244.00		
消费税	79 165 806.00		
其他生产税	327 351 254.00		
生产补贴	-93 296 236.46		
合计	16 016 270 834.40	合计	16 016 270 834.40

表4-1中支出方（总投入）各核算项目的数据来源和估算方法如下：

中间投入是42部门组织活动生产所耗用的各种商品和劳务，取自2012年42部门《投入产出表》的各部门中间投入，是一个42×42的矩阵。本书根据研究需要，所有数据都以万元为单位，并保留两位小数，因此42部门生产活动所耗用的42类商品及劳务总和为10 648 269 124.86万元。

劳动投入与中间投入类似，42部门生产活动的劳动投入取自2012年42部门《投入产出表》的各部门劳动者报酬，合计为2 641 340 939.21万元。

资本投入与中间投入类似，42部门生产活动的资本投入取自2012年42部门《投入产出表》的各部门固定资产折旧和营业盈余之和，合计为1 990 598 517.79万元。

生产税净额为生产税减去生产补贴。生产税包括增值税、消费税、营业税、城建税、土地增值税、资源税、房产税、城镇土地使用税、车船税、印花税等除了企业所得税、个人所得税之外的其他税收。其中增值税、营业税、消费税占生产税税收收入的主要部分。根据研究需要，将生产税净额细分为增值税、营业税、消费税和除了这三种税之外的其他税金及生产补贴五个部分。生产税净额来源于2012年42部门《投入产出表》的生产税净额，增值税、营业税、消费税取自《中国税务年鉴》（2013）中的"2012年全国税收收入分税种分产业收入情况表"。该表对2012年全国各个税种税收收入在不同行业之间进行了详细的细分，资料详实，但行业划分与2012年42部门《投入产出表》的行业划分有所不同，相对更加细致，表中共有108行之多。本书对2012年全国税收收入分税种分产业收入情况表与42部门投入产出表的行业进行了一一对应。有些投入产出表中行业与税收收入情况表中行业是一一对应的，如投入产出表第1行"农林牧渔产品和服务"对应于税收收入情况表第2行"第一产业"，这样就可以由税收收入情况表中税收数据直接得到投入产出表中相应行业税收数据。有些投入产出表中一个行业对应于税收收入情况表中几个行业，如投入产出表第6行"食品和烟草"对应于税收收入情况表第13行"农副食品加工业"、第14行"食品制造业"、第15行"酒、饮料和精制茶制造业"和第20行"烟草制品业"，这时税收收入情况表几个行业数据加总就得出投入产出表对应行业的税收数据。还有些投入产出表中几个行业对应于税收收入情况表中一个行业，如投入产出表第22行"其他制造产品"、第23行"废品废料"和第24行"金属制品、机械和设备修理服务"对应于税收收入情况表第51行"其他制造业"，这种情况下就将税收收入情况表中行业数据根据对应行业的产出水平分摊到各个行业。在此基础上汇总了投入产出表中42部门各自的增值税、营业税和消费税数据。在此基础上用42部门的生产税净额减去各自的增值税、营业税和消费税之和，得出其他税金及补贴数据。42部门各项生产税核算结果见本书附录表1各行业生产税净额分配汇总表。

表右边总产出只有国内总产出一项，受基础资料的限制，本书采取纯部门假设，即假定各产业部门只生产一种主产品，其产出等于商品部门的产出，即42部门活动的产出与商品供给一一对应，合计总产出为16 016 270 834.40万元。

4.2.2.2 商品账户

商品账户主要用来反映国内市场商品的总供给和总需求。从收入的角度来看，商品账户核算国内市场商品的总需求，包括中间投入、居民消费、政府消费、出口和投资；从支出的角度看，商品账户核算了国内厂商的总产出和商品进口。受基础资料的限制，很难取得42部门商品出口和进口各自对应的进出口关税数据，而投入产出表中进出口数据已包含关税，因此本书的商品出口和进口为商品价值和关税合计数。商品账户的复式记账的核算结果如表4-2所示。

表4-2　　　　中国社会核算矩阵的商品账户　　　　单位：万元

市场总供给		市场总需求	
国内总产出	16 016 270 834.40	中间投入	10 648 269 124.86
进口	1 203 384 779.45	城镇居民消费	1 533 139 381.07
		农村居民消费	452 228 451.59
		政府消费	731 817 933.39
		出口	1 370 301 768.99
		投资	2 483 898 953.95
合计	17 219 655 613.85	合计	17 219 655 613.85

商品账户右边是市场总需求，各个核算项目的数据来源和估算方法如下：

中间投入是各种商品和劳务耗用在42部门活动生产中的数量，是一个42×42的矩阵，与活动账户中中间投入相同，总额是10 648 269 124.86万元。

城镇居民消费是城镇居民所消费的各类商品和劳务，直接取自2012年42部门《投入产出表》中的相应数据，总额是1 533 139 381.07万元。

农村居民消费是农村居民所消费的各类商品和劳务，资料来源与城镇居民消费一样，总额是452 228 451.59万元。

政府消费是政府所消费的各类商品和劳务，资料来源同上，总额是731 817 933.39万元。

出口是国内生产的,用于国外居民消费的各类商品和劳务,数据来源同上,总额是 1 370 301 768.99 万元。

投资是 2012 年 42 部门《投入产出表》中固定资产形成和存货净增加之和,总额是 2 483 898 953.95 万元。

商品账户左边是市场总供给,包括国内总产出和进口。国内总产出取自上面活动账户的国内总产出,金额为 16 016 270 834.40 万元;进口是该商品账户的平衡项,即为市场总需求合计数减去国内总产出,金额为 1 203 384 779.45 万元。

由于研究的是税收对收入分配的影响,因此城镇和农村居民消费还需要在不同收入群组中进行分配。《中国住户调查年鉴 2014》有 2012 年城镇和农村居民家庭基本情况统计,该统计将城镇居民家庭按收入情况分为最低收入户(10%)、较低收入户(10%)、中等偏低户(20%)、中等收入户(20%)、中等偏上户(20%)、较高收入户(10%)和最高收入户(10%)共 7 个户组,并列出了各个户组家庭的商品及劳务支出情况,包括食品、衣着、居住、家庭设备及用品、交通通信、文教娱乐、医疗保健、其他支出和非现金支出九类。将农村居民家庭按收入情况分为低收入户(20%)、中等偏低户(20%)、中等收入户(20%)、中等偏上户(20%)和高收入户(20%)共 5 个户组,并列出了各个户组家庭的商品及劳务支出情况,包括家庭经营费用支出、购置生产性固定资产支出、消费支出和财产性支出。又将消费支出分为食品、衣着、居住、家庭设备及用品、交通通信、文教娱乐、医疗保健和其他支出八类。根据性质和金额,将城镇和农村居民支出类别和居民消费的 42 类商品和劳务进行对应,进而算出分配比例,将城镇居民消费 1 533 139 381.07 万元分配到 7 个组别的居民家庭中;将农村居民消费 452 228 451.59 万元分配到 5 个组别的居民家庭中。相应的城镇和农村居民支出类别和居民消费的 42 类商品和劳务对应表及城镇和农村居民消费最终分配表见附录表 2 城镇居民支出分配表、附录表 3 农村居民支出分配表。

4.2.2.3 劳动账户

劳动账户,主要反映劳动力要素的投入以及该要素收入的分配。

行表示劳动力要素投入带来的收入，列表示该要素收入的分配。这是所有账户中最简单的一个账户，只有两个项目组成。遵循复式记账的原理，劳动者报酬＝居民的劳动收入，其数值来自2012年42部门《投入产出表》中的各部门劳动者报酬的汇总，两者分别反映了同一个问题的两个方面。劳动账户的复式记账的核算结果如表4－3所示。

表4－3　　　　　中国社会核算矩阵的劳动账户　　　　单位：万元

收入		支出	
劳动者报酬	2 641 340 939.21	城镇居民劳动收入	2 047 199 072.32
		农村居民劳动收入	594 141 866.89
合计	2 641 340 939.21	合计	2 641 340 939.21

劳动账户左边是劳动者报酬，直接取自2012年42部门《投入产出表》中的各部门劳动者报酬，金额与活动账户中劳动投入相同，各部门合计为2 641 340 939.21万元；右边为劳动报酬在城镇居民和农村居民之间的分配，进而在城镇居民、农村居民不同收入阶层之间的再分配。劳动报酬在城镇居民和农村居民之间的分配，主要有以下步骤：一是确定城镇人口总数和农村人口总数。社会核算矩阵（SAM）的编制以投入产出表为基础，而投入产出表是由国家统计局组织编制的，因此相关数据的选取和计算尽可能与投入产出表及国家统计局发布的相关数据保持一致。投入产出表有城镇和农村消费总额，根据《中国统计年鉴》（2013）中"按收入等级分城镇居民家庭基本情况""按收入五等份分农村居民家庭基本情况"可以算出2012年城镇和农村人均消费额，以城镇和农村消费总额除以各自的人均消费额，可以得出城镇人口总数和农村人口总数。二是计算2012年城镇和农村人均劳动收入。农村的家庭经营收入属于劳动者报酬的范围，因此农村居民劳动收入包括了工资性收入和家庭经营纯收入，而城镇居民的劳动收入主要是工资性收入。农村人均劳动收入可以由《中国统计年鉴》（2013）"按收入五等份分农村居民家庭基本情况"

中工资性收入和家庭经营纯收入计算得出。《中国统计年鉴》(2013)"按收入等级分城镇居民家庭基本情况"中并未有给出2012年城镇居民收入构成情况，可根据《中国统计年鉴》(2012)"按收入等级分城镇居民家庭基本情况"算出2011年城镇居民工资性收入占总收入的比重，然后以2012年的总收入乘以2011年工资比重估算出2012年城镇居民人均劳动收入。三是计算2012年城镇和农村居民劳动总额及各自比重。以2012年城镇和农村居民人均劳动收入乘以各自人口总额，可以得出2012年城镇和农村居民劳动总额。再加总算出全国居民劳动总额，进而计算城镇和农村居民在工资总额中的比重。四是计算2012年城镇和农村居民分配的劳动收入。以2012年劳动者报酬总额2 641 340 939.21万元乘以城镇和农村居民在劳动收入总额中的比重，可以得出最终的城镇和农村居民分配的劳动收入，分别为2 047 199 072.32万元和594 141 866.89万元。根据《中国统计年鉴》(2013)中"按收入等级分城镇居民家庭基本情况"，算出城镇居民最低收入户(10%)、较低收入户(10%)、中等偏低户(20%)、中等收入户(20%)、中等偏上户(20%)、较高收入户(10%)和最高收入户(10%)共7个层级各自工资性收入所占比重；根据"按收入五等份分农村居民家庭基本情况"，算出低收入户(20%)、中等偏低户(20%)、中等收入户(20%)、中等偏上户(20%)和高收入户(20%)共5个层级各自工资性收入所占比重。在此基础上，将最终的城镇和农村居民分配的劳动收入，根据各自所占比重，在城镇和农村各个户组之间进行分配。

4.2.2.4 资本账户

同劳动账户类似，该账户主要核算资本要素的收入及其分配。该账户的行反映资本要素的收入。该账户的列反映资本要素收入的分配，包括居民资本收益和企业资本收益，居民资本收益又可分为城镇居民资本收益和农村居民资本收益。资本账户的复式记账的核算结果如表4-4所示。

表4-4　　　　　中国社会核算矩阵的资本账户　　　　单位：万元

收入		支出	
资本回报	1 990 598 517.79	城镇居民资本收益	222 904 610.39
		农村居民资本收益	20 461 011.61
		企业资本收益	1 747 232 895.79
合计	1 990 598 517.79	合计	1 990 598 517.79

表中收入方的资本回报与活动账户的资本投入对应，直接取自2012年42部门《投入产出表》的各部门固定资产折旧和营业盈余之和，与活动账户中的资本投入金额相同，各部门合计为1 990 598 517.79万元。

支出方各核算项目的数据来源和估算方法如下：

居民的资本收益主要反映了居民收入中资本性收入部分，即资本要素收入对国内居民的分配。根据《中国统计年鉴》（2014）资金流量表（实物交易）中住户部门财产收入为243 365 622万元，以此作为居民的资本收益。居民的资本收益需要在城镇和农村居民之间分配，进而在城镇和农村居民不同收入阶层之间进行再分配。居民收入主要有工资性收入、资本收益、企业补贴收入、政府补贴收入和国外补贴收入。而其中工资性收入占主要部分，在劳动账户已进行了分配。资本收益、企业补贴收入、政府补贴收入和国外补贴收入所占比重较小，统一按照如下方法进行分配：一是计算2012年城镇和农村除了工资之外的其他人均收入。农村其他人均收入可以由《中国统计年鉴》（2013）"按收入五等份分农村居民家庭基本情况"中除了工资性收入和家庭经营纯收入之外的收入计算得出。由于《中国统计年鉴》（2013）"按收入等级分城镇居民家庭基本情况"中并未有给出2012年城镇居民收入构成情况，城镇其他人均收入根据《中国统计年鉴》（2012）"按收入等级分城镇居民家庭基本情况"算出2011年城镇居民工资之外收入占总收入的比重，然后以2012年的总收入乘以2011年该比重得出。二是计算2012年城镇和农村居民工资之外收入总额及各自比重。以 2012 年城镇和农村居民工资之外人均收入乘以各自人口总数，可以得出 2012 年城镇和农村居民工资之外收入总额。再加总算出全国居民工资之外收入总额，进而计算城镇和农村居民在总额中的比重。三是计算 2012 年城镇和农村居民分配的工资之外收入总额。以 2012 年资本收益、企业补贴收入、政府补贴收入和国外补贴收入乘以城镇和农村居民在总额中的比重，可以得出最终的城镇和农村居民分配的资本收益、企业补贴收入、政府补贴收入和国外补贴收入。2012 年居民资本收益总额为 243 365 622 万元，按上面方法，城镇居民资本收益为 222 904 610.39 万元，农村居民资本收益为 20 461 011.61 万元。按照劳动账户的分配方法，将城镇居民和农村居民资本收益在各个层级之间再进一步细分。

企业的资本收益反映的是资本要素收入分配给国内居民后的留存收益，因此为资本要素收入减去居民资本收益后收益，为资本账户的平衡项。

4.2.2.5 生产税净额账户

生产税净额账户具体反映生产税及政府补贴的来源及归属，生产税净额根据来源可分为增值税、营业税、消费税及其他生产税金及补贴，该部分已在活动账户核算清楚；生产税净额属于政府收入的一部分。生产税净额账户的复式记账的核算结果如表 4-5 所示。

表 4-5　　　中国社会核算矩阵的生产税净额账户　　　单位：万元

	来源		归属
增值税	265 329 185.00	政府收入	736 062 252.54
营业税	157 512 244.00		
消费税	79 165 806.00		
其他生产税	327 351 254.00		
生产补贴	-93 296 236.46		
合计	736 062 252.54	合计	736 062 252.54

4.2.2.6 企业所得税账户

企业所得税账户反映企业所得税的收入和支出。企业所得税的收入是居民和企业取得的资本收入根据实际税率计算而得。企业所得税实际税率为企业所得税额除以资本要素的收入，企业所得税额取自《中国财政年鉴》（2013）中的"2012年国家公共财政预算、决算收支"表中的企业所得税，金额为196 545 300.00万元。资本要素收入已在资本账户核算完毕。企业所得税账户的复式记账的核算结果如表4-6所示。

表4-6　　　中国社会核算矩阵的企业所得税账户　　　单位：万元

收入		支出	
城镇居民企业所得税	22 008 884.83	政府企业所得税收入	196 545 300.00
农村居民企业所得税	2 020 254.53		
企业资本收益纳税	172 516 160.64		
合计	196 545 300.00	合计	196 545 300.00

4.2.2.7 个人所得税账户

个人所得税账户反映个人所得税的收入和支出。个人所得税的收入是居民取得的劳动者报酬和其他收入所负担的个人所得税。居民负担的个人所得税取自《中国财政年鉴》（2013）中的"2012年国家公共财政预算、决算收支"表中的个人所得税，并根据2012年城镇和农村不同层级居民的收入情况，按照2012年个人所得税制度进行了估算和分配。个人所得税的支出也就是政府账户的收入。个人所得税账户的复式记账的核算结果如表4-7所示。

表4-7　　　　中国社会核算矩阵的个人所得税账户　　　单位：万元

收入		支出	
城镇居民个人所得税	58 096 582.66	政府个人所得税收入	58 202 800.00
农村居民个人所得税	106 217.34		
合计	58 202 800.00	合计	58 202 800.00

4.2.2.8 居民账户

居民账户具体反映了居民的各项收入和支出。居民的收入包括劳动所得、资本收益和从政府获得的转移性支付。居民的支出包括居民消费、负担的企业所得税和个人所得税、居民储蓄。居民账户的复式记账的核算结果如表4-8所示。

表4-8　　　　中国社会核算矩阵的居民账户　　　单位：万元

收入		支出	
城镇居民劳动收入	2 047 199 072.32	城镇居民消费	1 533 139 381.07
农村居民劳动收入	594 141 866.89	农村居民消费	452 228 451.59
城镇居民资本收益	222 904 610.39	城镇居民企业所得税	22 008 884.83
农村居民资本收益	20 461 011.61	农村居民企业所得税	2 020 254.53
城镇居民转移性支付收入	135 229 061.97	城镇居民个人所得税	58 096 582.66
农村居民转移性支付收入	12 413 038.03	农村居民个人所得税	106 217.34

续表

收入		支出	
		城镇居民个人储蓄	792 087 896.12
		农村居民个人储蓄	172 660 993.07
合计	3 032 348 661.21	合计	3 032 348 661.21

居民收入中劳动所得和资本收益已经分别在劳动力账户和资本账户中得到结果。从政府获得的转移性支付主要包括社会保障和就业支付以及政府对居民的利息支付。根据《中国财政年鉴》(2013)中的"2012年国家公共财政预算、决算收支"表，社会保障和就业支付为125 855 200万元，政府对居民的利息支付（"国债付息支出"中"国内债务付息"）为21 786 900万元，合计为147 642 100万元。政府转移性支付在城镇和农村之间分配方法及城乡不同收入层级之间的分配方法与资本收益分配方法相同。

居民支出中居民消费已经在商品账户中得到结果。居民负担的企业所得税和个人所得税在企业所得税账户和个人所得税账户已核算完毕。居民个人储蓄是居民账户的平衡项。

4.2.2.9 企业账户

企业账户反映企业的收入和支出情况。企业账户的行反映企业收入，企业收入指的是企业分配的资本要素的收入，也就是留存收益，该收入已经在资本账户中进行核算，金额为1 747 232 895.79万元。从企业账户的列项来看，企业的支出具体包括向政府缴纳的企业所得税以及剩余的企业储蓄。企业负担的企业所得税已在企业所得税账户核算完毕。企业储蓄是企业账户的平衡项。企业账户的复式记账的核算结果如表4-9所示。

表 4-9　　　　　中国社会核算矩阵的企业账户　　　　单位：万元

收入		支出	
资本收益	1 747 232 895.79	企业所得税	172 516 160.64
		企业储蓄	1 574 716 735.15
合计	1 747 232 895.79	合计	1 747 232 895.79

4.2.2.10 政府账户

政府账户主要核算政府的收入和支出。政府账户的行反映政府的收入，主要是各种税收，还包括来自国外的转移收入以及债务收入。其中生产税净额、个人所得税、企业所得税已分别在活动账户、居民账户和企业账户中核算完毕。政府的国外转移收入取自《中国统计年鉴》（2013）"2012 年国际收支平衡表"中"经常项目"下的"经常转移"净额 -309 772 万美元，按当时汇率折合人民币 -1 947 071.91 万元。政府的债务收入取自《中国财政年鉴》（2013）中"国家债务管理"的相关数据。

政府账户的列反映政府的支出，主要包括政府消费、对居民的补贴、对国外的各种支付以及剩余的政府的储蓄。其中政府消费、政府对居民的补贴支出已分别在商品账户和居民账户中核算完毕。政府对国外的支付主要包括政府对国外的援助支出以及支付给国外借款的利息，其中政府对国外的援助支出（166.95 亿元）取自《中国财政年鉴》（2013）中的"2012 年国家公共财政预算、决算收支"表"外交"中的"对外援助"，支付给国外借款的利息（22.62 亿元）取自《中国财政年鉴》（2013）中的"2012 年国家公共财政预算、决算收支"表"国债付息支出"中的"国外债务利息"。政府储蓄为该账户的平衡项。政府账户的复式记账的核算结果如表 4-10 所示。

表4-10　　　　中国社会核算矩阵的政府账户　　　　单位：万元

收入		支出	
增值税	265 329 185.00	政府消费	731 817 933.39
营业税	157 512 244.00	对居民补贴	147 642 100.00
消费税	79 165 806.00	对国外的支付	1 895 700.00
其他生产税	327 351 254.00	政府储蓄	107 507 547.24
生产补贴	-93 296 236.46		
企业所得税	196 545 300.00		
个人所得税	58 202 800.00		
国外的转移收入	-1 947 071.91		
合计	988 863 280.63	合计	988 863 280.63

4.2.2.11　国外账户

国外账户反映中国的对外经济联系。国外账户的行反映国外收入，包括进口和政府对国外的支付。国外账户的列反映国外支出，包括出口、政府的国外转移收入以及剩余的国外净储蓄。除"国外净储蓄（国外资本净流入）"之外的其他项目均已在此前的各账户中核算完毕。国外净储蓄是作为该账户的平衡项。国外账户的复式记账的核算结果如表4-11所示。

表4-11　　　　中国社会核算矩阵的国外账户　　　　单位：万元

收入		支出	
进口	1 203 384 779.45	出口	1 370 301 768.99
政府对国外的支付	1 895 700.00	政府的国外转移收入	-1 947 071.91
		国外净储蓄	-163 074 217.63
合计	1 205 280 479.45	合计	1 205 280 479.45

4.2.2.12 投资与储蓄账户

投资与储蓄账户核算的是总投资与总储蓄。该账户的行反映总储蓄，包含城镇居民个人储蓄、农村居民个人储蓄、企业储蓄、政府储蓄及国外净储蓄。各项储蓄反映了各账户的收支结余情况，均已在此前的各账户中予以说明。该账户的列反映总投资，表现为当前的固定资本形成和存货的净增加（变动），这两项也已在商品账户中说明了数据来源。投资与储蓄账户的复式记账的核算结果如表4–12所示。

表4–12 中国社会核算矩阵的投资与储蓄账户 单位：万元

	总投资		总储蓄
投资	2 483 898 953.95	城镇居民个人储蓄	792 087 896.12
		农村居民个人储蓄	172 660 993.07
		企业储蓄	1 574 716 735.15
		政府储蓄	107 507 547.24
		国外净储蓄	–167 074 217.63
合计	2 483 898 953.95	合计	2 483 898 953.95

4.3 参数的校准和设定

本书CGE模型的参数可以分为三类：第一类为各个税种的税率；第二类为份额参数；第三类是弹性参数。

4.3.1 各税种实际税率的测算

本书采用实际税率法，间接税各个税种的实际税率根据各行业实际征收额与税基之比得出，企业所得税实际税率为实际企业所得税额与资本收益之比，个人所得税实际税率为各类居民组别的实缴个人所得税与劳动者报酬收入和政府转移性支付收入之和的比值。

各个税种实际税率的测算公式如下：

生产部门 a 增值税税率：

$$tva_a = TVA_a / (WL \cdot QLD_a + WK \cdot QKD_a)$$

生产部门 a 营业税税率：

$$tbus_a = TBUS_a / (PVA_a \cdot QVA_a + PINTA_a \cdot QINTA_a)$$

生产部门 a 消费税税率：

$$tcoms_a = TCOMS_a / (PVA_a \cdot QVA_a + PINTA_a \cdot QINTA_a)$$

生产部门 a 其他间接税税率：

$$toth_a = TOTH_a / (PVA_a \cdot QVA_a + PINTA_a \cdot QINTA_a)$$

部门 a 生产补贴率：

$$tsubs_a = TSUB_a / (PVA_a \cdot QVA_a + PINTA_a \cdot QINTA_a)$$

家庭 h 个人所得税税率：

$$ti_h = TI_h / (WL \cdot shif_{hl} \cdot QLSAGG + transfr_{hgov})$$

企业所得税税率：

$$ti_{ent} = TIENTh / WK \cdot QKD_a$$

其中，TVA_a 为生产部门 a 所缴纳的增值税，$TBUS_a$ 为生产部门 a 所缴纳的营业税，$TCOMS_a$ 为生产部门 a 所缴纳的消费税，$TOTH_a$ 为生产部门 a 所缴纳的其他间接税，$TSUB_a$ 为生产部门 a 所缴纳或取得的生产补贴，ti_h 为家庭 h 所缴纳的个人所得税，ti_{ent} 为总的企业所得税税额。

4.3.2 各个份额参数的校准

各个份额参数通常用校准方法求得，如生产函数、CET 函数、Armingtong 函数中的份额参数、转移参数、政府转移支付比率等。各个份额参数测算公式如下：

总生产函数 CES 的份额参数：

$$\beta_a^a = PVA_a \cdot QVA_a^{(1-\rho_a^a)} / (PVA_a \cdot QVA_a^{(1-\rho_a^a)} + PINTA_a \cdot QINTA_a^{(1-\rho_a^a)})$$

总生产函数 CES 的规模参数：

$$\lambda_a^a = QA_a / [\beta_a^a QVA_a^{\rho_a^a} + (1-\beta_a^a) QINTA_a^{\rho_a^a}]^{\frac{1}{\rho_a^a}}$$

增加值部分的生产函数 CES 的份额参数：

$$\beta_a^{va} = WL \cdot QLD_a^{(1-\rho_a^{va})} / (WL \cdot QLD_a^{(1-\rho_a^{va})} + WK \cdot QKD_a^{(1-\rho_a^{va})})$$

增加值部分的生产函数 CES 的规模参数：

$$\lambda_a^a = QVA_a / [\beta_a^{va} QLD_a^{\rho_a^{va}} + (1-\beta_a^{va}) QKD_a^{\rho_a^{va}}]^{\frac{1}{\rho_a^{va}}}$$

出口固定弹性转换（CET）函数的份额参数：

$$\beta_c^t = PD_c \cdot QD_c^{(1-\rho_c^t)} / (PD_c \cdot QD_c^{(1-\rho_c^t)} + PE_c \cdot QE_c^{(1-\rho_c^t)})$$

出口固定弹性转换（CET）函数的规模参数：

$$\lambda_c^t = QX_c / [\beta_c^t QD_c^{\rho_c^t} + (1-\beta_c^t) QE_a^{\rho_c^t}]^{\frac{1}{\rho_c^t}}$$

进口固定替代弹性 CES 函数的份额参数：

$$\beta_c^q = PD_c \cdot QD_c^{(1-\rho_c^q)} / (PD_c \cdot QD_c^{(1-\rho_c^q)} + PM_c \cdot QM_c^{(1-\rho_c^q)})$$

进口固定替代弹性 CES 函数的规模参数：

$$\lambda_c^q = QQ_c / [\beta_c^q QD_c^{\rho_c^q} + (1-\beta_c^q) QM_c^{\rho_c^q}]^{\frac{1}{\rho_c^q}}$$

4.3.3 各个弹性参数的设定

弹性参数主要是外生给定的，包括生产要素之间的替代弹性，贸易函数中的弹性，居民需求函数中的弹性等，其值的大小将直接影响校准参数和模型模拟的结果。本书各弹性参数主要参照汪昊、娄峰（2017）的相关数据计算而来，要素与中间投入品的替代弹性参数 ρ_a^a 为 -0.67，要素替代弹性参数 ρ_a^{va} 为 -0.25，出口商品替代弹性参数 ρ_c^t 为 0.5，进口商品替代弹性参数 ρ_c^q 为 0.75。

第 5 章

基于 CGE 模型的税收调节居民收入分配效应测算分析

5.1 基于 CGE 模型的间接税调节居民收入分配效应测算分析

为了测算现行税制下某一税种对居民收入分配的影响，可将征税情况下居民实际取得的可支配收入定义为实际收入（actual income），用 Y_a 表示；将不征收该税种情况下居民的可支配收入定义为市场收入（market income），用 Y_m 表示；将实际收入根据征税前后居民支出变动进行调整后的收入定义为真实收入（real income），用 Y_r 表示。以市场收入与实际收入的差异，反映税收的收入效应；以真实收入与实际收入的差异，反映税收的消费效应；以市场收入与真实收入的差异，反映税收的整体效应。利用 CGE 模型能够模拟分析某税种征收前后劳动、资本要素价格和商品价格变化，可以据以测算税收对居民收入分配的收入效应、消费效应和整体效应。

本书以 MT 指数作为度量税收再分配效应的衡量指标，以税收累进性指数 P 作为度量税收累进性的衡量指标。

MT 指数的计算公式为：

$$MT = G_b - G_a$$

其中，G_b 为税前收入基尼系数，G_a 为税后收入基尼系数。

本书把城镇居民分为7个户组，农村居民分为5个户组，分别测算其市场收入、实际收入及真实收入，其收入数据属于离散分布收入数据。因此采用由穆克吉和肖洛克（Mookherjee & Shorrocks，1982）、阿伦森和兰伯特（Aronson & Lambert，1994）、李实（2002）、金成武（2007）等人给出的离散分布收入数据的基尼系数计算公式：

$$G = \sum_i \sum_j |Y_i - Y_j|/2n^2\mu$$

其中，n为个体数，μ为所有个体的平均收入，Y_i为个体i的收入水平，$|Y_i - Y_j|$为任意两个个体收入水平之差的绝对值。

在征税不改变居民收入的排列顺序，即不影响税负的横向公平的情况下，MT只由纵向公平决定，即MT由税收累进性指数P与平均税率t共同决定。这时：

$$MT = \frac{t}{1-t}P$$

5.1.1 增值税调节居民收入分配效应测算分析

增值税是我国第一大税种，2012年其税收收入占税收总收入的26.25%，而营改增后2018年其税收收入占比已达39.34%，对国家财政收入影响巨大，同时也会对居民收入分配格局产生重大影响。

5.1.1.1 增值税调节居民收入分配的收入效应

根据CGE模型进行测算，在增值税税率为0，也就是不征收增值税的情况下，要素价格会有所上升，资本要素价格相对劳动要素价格提高4.3871%。由于城镇和农村不同收入组别居民劳动收入与资本收益结构不同，因此要素价格变动会对居民收入分配格局产生影响。

（1）增值税调节城镇居民收入分配的收入效应。增值税对城镇居民收入分配的影响如表5-1所示，征税后实际收入Y_a相对于不征收增值税的市场收入Y_m的差额，也就是收入的降低幅度，从绝对值上来说随着不同组别收入水平的提高而增加，但从相对值来说（为了方便比较，收入效应与消费效应的相对变化计算均以实际收入作为基数),随着不同组别收入水平的提高而先降后升,呈 U 形变化。这是因为在城镇居民中,从最低收入户组到最高收入户组,其经营收入占总收入的比重是先降后升的。由于征收增值税后资本要素价格相对劳动要素价格降低 4.3871%,因此最低和最高收入户组收入降低幅度相对较大,而中间的其他收入户组收入降低幅度相对较小。

表 5 – 1　　增值税调节城镇居民收入分配的收入效应测算

收入组别	市场收入 (Y_m) (万元)	实际收入 (Y_a) (万元)	绝对变化 ($Y_m - Y_a$) (万元)	相对变化 $\left(\dfrac{Y_m - Y_a}{Y_a}\right)$ (%)
最低收入户 (10%)	98 312 550.63	97 986 602.01	325 948.61	0.3315
较低收入户 (10%)	152 246 441.79	151 785 820.67	460 621.11	0.3025
中等偏低户 (20%)	201 178 087.26	200 595 225.61	582 861.65	0.2897
中等收入户 (20%)	271 355 985.31	270 646 129.31	709 856.01	0.2616
中等偏上户 (20%)	364 074 492.32	363 075 523.56	998 968.77	0.2744
较高收入户 (10%)	491 604 628.01	490 072 899.91	1 531 728.09	0.3116
最高收入户 (10%)	755 268 592.84	751 065 076.12	4 203 516.72	0.5566
加权平均	317 064 934.30	315 954 415.57	1 110 518.74	0.3154
基尼系数	0.344281	0.343842	0.000439	

从城镇居民的收入分配差距来说,按市场收入测算的基尼系数为 0.344281,按实际收入测算的基尼系数为 0.343842,基尼系数相对下降 0.000439,累进性指数 P 为 0.007221。因此,征收增值税后造成城镇居民收入来源端的收入差距相对略有缩小,税收具有累进性。这是因为最高收入户组的收入下降 0.5566%,远高于其他户组,相对平抑了收入差距。

(2) 增值税调节农村居民收入分配的收入效应。增值税对农村居民收入分配的影响如表 5-2 所示，整体上与城镇居民类似，实际收入 Y_a 相对于市场收入 Y_m 的降低幅度，从绝对值来看随着不同组别收入水平的提高而增加，但从相对值来说先降后升，呈 U 形变化。与城镇居民不同的是，由于经营收入占总收入的比重较低，农村居民整体收入降低幅度较小，平均为 0.1051%，远小于城镇居民的 0.3154%。同时，高收入户组收入降低幅度大大高于中低收入户组。

表 5-2　　增值税调节农村居民收入分配的收入效应测算

收入组别	市场收入（Y_m）（万元）	实际收入（Y_a）（万元）	绝对变化（$Y_m - Y_a$）（万元）	相对变化 $\left(\dfrac{Y_m - Y_a}{Y_a}\right)$（%）
低收入户（20%）	31 845 019.37	31 814 624.36	30 395.01	0.0954
中等偏低户（20%）	69 020 907.80	68 971 998.94	48 908.86	0.0709
中等收入户（20%）	102 103 102.43	102 020 511.05	82 591.38	0.0809
中等偏上户（20%）	147 562 965.48	147 426 447.46	136 518.02	0.0925
高收入户（20%）	275 166 464.45	274 655 862.85	510 601.60	0.1856
加权平均	125 139 691.91	124 977 888.93	161 802.97	0.1051
基尼系数	0.361315	0.361112	0.000203	

从农村居民的收入分配差距来说，按市场收入测算的基尼系数为 0.361315，按实际收入测算的基尼系数为 0.361112，基尼系数相对下降 0.000203，累进性指数 P 为 0.003342。因此，征收增值税后使得农村居民收入来源端的收入差距也略有缩小，税收具有累进性。虽然农村居民中收入降低最多的最高收入户组收入降低的幅度是收入降低最少的中等偏低户组的 2.62 倍，高于城镇居民的 2.13 倍，但由于农村居民收入降低幅度整体来说较城镇居民要小，最终基尼系数下降幅度只是城镇下降幅度的 46.28%。

（3）增值税调节全国居民收入分配的收入效应。从收入效应来看，征收增值税使城镇和农村居民内部基尼系数都有所降低，缩小了收入差距；同时，城镇居民收入平均下降幅度为 0.3154%，是农村居民的 3 倍，因此，也缩小了城乡之间的收入差距。征收增值税前全国居民按市场收入测算的基尼系数为 0.419712，征收增值税后按实际收入测算的基尼系数为 0.419162，下降 0.00055，下降幅度大于城镇和农村内部基尼系数下降幅度。累进性指数 P 为 0.009055，也高于城镇和农村的累进性指数 P，说明增值税对全国居民收入来源端的分配效应具有更强的累进性。

5.1.1.2 增值税调节居民收入分配的消费效应

在增值税税率为 0，也就是不征收增值税的情况下，会使各部门成本下降，进而使各类商品价格下降。根据 CGE 模型进行测算结果表明，42 类商品及劳务平均价格下降幅度超过 5%，其中煤炭采选产品价格下降最多，达到了 11.14%。而增值税的存在，则会使商品及劳务价格上升，居民需要为各类消费支付更高的价格，真实收入相较实际收入会有所下降。由于城镇和农村不同收入组别居民消费结构及边际消费倾向不同，因此对收入分配的影响也会有所差异。

（1）增值税调节城镇居民收入分配的消费效应。增值税对城镇居民收入支出端的影响如表 5 - 3 所示，真实收入 Y_r 相对于实际收入 Y_a 的差额，从绝对值上来说随着不同组别收入水平的提高而增加，但从相对值来说，随着不同组别收入水平的提高而依次下降。影响不同组别收入变化的原因主要有两个方面：一是不同收入组别居民消费结构不同。征收增值税后不同产品价格变化幅度不同，会对消费结构不同的各个收入组别的支出造成不同影响。二是不同收入组别居民边际消费倾向不同。相同的支出变化幅度下，由于边际消费倾向不同，也会对不同收入组别居民的真实收入造成不同影响。进一步分析发现，城镇居民中各收入组别因征收增值税而增加的支出占总支出的比重没有显著不同，均在 3.52% ~ 3.66% 之间窄幅变动，且没有明显规律。而各收入组别居民的边际消费倾向却从最低收入户的 86.03%

降低到最高收入户的 62.42%，随着收入的提高而单调递减，且变化幅度也较大。

从城镇居民的收入分配差距来说，按实际收入测算的基尼系数为 0.343842，按真实收入测算的基尼系数为 0.344586，基尼系数上升 0.000744，累进性指数 P 为 -0.012247。因此，征收增值税后使得城镇居民收入支出端的收入差距相对扩大，税收具有累退性。这是因为随着收入提高边际消费倾向递减，在支出变动幅度大体一致的情况下，征收增值税对低收入群体影响较大，对高收入群体影响相对较小。

表 5-3　增值税调节城镇居民收入分配的消费效应测算

收入组别	实际收入（Y_a）（万元）	真实收入（Y_r）（万元）	绝对变化（$Y_a - Y_r$）（万元）	相对变化 $\left(\dfrac{Y_a - Y_r}{Y_a}\right)$（%）
最低收入户（10%）	97 986 602.01	95 123 615.82	2 862 986.20	2.9218
较低收入户（10%）	151 785 820.67	147 992 847.41	3 792 973.26	2.4989
中等偏低户（20%）	200 595 225.61	195 645 009.02	4 950 216.58	2.4678
中等收入户（20%）	270 646 129.31	264 272 150.84	6 373 978.47	2.3551
中等偏上户（20%）	363 075 523.56	354 787 417.27	8 288 106.29	2.2827
较高收入户（10%）	490 072 899.91	479 004 408.92	11 068 491.00	2.2585
最高收入户（10%）	751 065 076.12	734 524 043.66	16 541 032.47	2.2023
加权平均	315 954 415.57	308 605 407.01	7 349 008.56	2.4093
基尼系数	0.343842	0.344586	-0.000744	

（2）增值税调节农村居民收入分配的消费效应。增值税对农村居民收入支出端的影响如表 5-4 所示，整体上与城镇居民类似，真实收入 Y_r 相对于实际收入 Y_a 的降低幅度，从绝对值来看随着不同组

别收入水平的提高而增加，但从相对值来说随着收入的提高而降低。其原因与城镇居民一样，各收入组别之间消费支出变化幅度大体相当，主要是消费倾向递减所致。不过与城镇居民有所不同的是，农村居民收入下降幅度要大于城镇居民，平均下降为 3.2966%，高于城镇居民收入平均下降幅度 2.4093%。低收入户组收入下降最多，为 6.6577%，是高收入户组收入下降幅度的 3.47 倍，是城镇居民中收入下降最多的最低收入户组收入下降幅度的 2.28 倍。

表 5-4　　增值税调节农村居民收入分配的消费效应测算

收入组别	实际收入（Y_a）（万元）	真实收入（Y_r）（万元）	绝对变化（$Y_a - Y_r$）（万元）	相对变化 $\left(\dfrac{Y_a - Y_r}{Y_a}\right)$（%）
低收入户（20%）	31 814 624.36	29 696 512.47	2 118 111.89	6.6577
中等偏低户（20%）	68 971 998.94	66 799 328.71	2 172 670.23	3.1501
中等收入户（20%）	102 020 511.05	99 410 009.18	2 610 501.87	2.5588
中等偏上户（20%）	147 426 447.46	144 183 618.60	3 242 828.86	2.1996
高收入户（20%）	274 655 862.85	269 391 019.49	5 264 843.36	1.9169
加权平均	124 977 888.93	121 896 097.69	3 081 791.24	3.2966
基尼系数	0.361112	0.365408	-0.004296	

从农村居民的收入分配差距来说，按实际收入测算的基尼系数为 0.361112，按真实收入测算的基尼系数为 0.365408，基尼系数提高了 0.004296，累进性指数 P 为 -0.004794。因此，由于随着收入提高边际消费倾向递减，征收增值税对低收入群体影响较大，对高收入群体影响相对较小，征收增值税后导致农村居民支出端的收入差距相对扩大，而且扩大幅度远远高于城镇水平，原因在于农村居民的边际消费倾向远远高于城镇居民。

（3）增值税调节全国居民收入分配的消费效应。从消费效应来看，征收增值税使城镇和农村居民内部基尼系数都有所提高，扩大了各自的收入差距；同时，城镇居民收入平均下降幅度为2.4093%，小于农村居民的3.2966%，因此，城乡之间的收入差距也进一步扩大了。全国居民按实际收入测算的基尼系数为0.419162，按真实收入测算的基尼系数为0.420551，提高了0.001389，累进性指数P为-0.022849，说明从居民收入支出端来说增值税具有累退性。

5.1.1.3 增值税调节居民收入分配的整体效应

征收增值税对居民收入分配既产生收入效应，又产生消费效应。

从收入效应来看，征收增值税使城镇居民基尼系数下降0.000439，使农村居民基尼系数下降0.000203，使全国居民整体基尼系数下降0.000550，在一定程度上降低了城乡内部以及全国整体的收入差距。

从消费效应来看，征收增值税使城镇居民基尼系数上升0.000744，使农村居民基尼系数上升0.004296，使全国居民整体基尼系数上升0.001388，在一定程度上拉大了城乡内部以及全国整体的收入差距。

从整体效应来看，征收增值税使城镇居民基尼系数上升0.000305，使农村居民基尼系数上升0.004094，使全国居民整体基尼系数上升0.000838，累进性指数P为-0.013794。因此，从总体上说，增值税的征收，使城镇居民内部、农村居民内部及全国居民总体的收入差距都有所扩大，税收呈累退性。

5.1.2 消费税调节居民收入分配效应测算分析

消费税属于对特定商品征收的一种税，在我国税收体系中占有重要地位，2012年其税收收入占我国税收总收入的7.83%，仅次于增值税、营业税和企业所得税；2018年占比为6.80%，略有下降，是排在增值税、企业所得税和个人所得税之后的第四大税种。

5.1.2.1 消费税调节居民收入分配的收入效应

根据 CGE 模型进行测算,在消费税税率为 0,也就是不征收消费税的情况下,要素价格会有所上升,资本要素价格相对劳动要素价格提高 1.3001%。由于城镇和农村不同收入组别居民劳动收入与资本收入结构不同,因此要素价格变化会对居民收入分配产生影响。

(1) 消费税调节城镇居民收入分配的收入效应。消费税对城镇居民收入分配的影响如表 5-5 所示,征税后实际收入 Y_a 相对于没有征收消费税的市场收入 Y_m 的差额,也就是收入的降低幅度,从绝对值上来说随着不同组别收入水平的提高而增加,但从相对值来说,随着不同组别收入水平的提高而先降后升,呈 U 形曲线。其中最高收入户组收入下降幅度最大,为 0.1656%,中等收入户组下降 0.0777%,幅度最小。原因是最高收入户组和最低收入户组的资本收入相对较多,征收消费税后使得资本要素价格下降,进而影响了其总体收入。

表 5-5　　消费税调节城镇居民收入分配的收入效应测算

收入组别	市场收入（Y_m）（万元）	实际收入（Y_a）（万元）	绝对变化（$Y_m - Y_a$）（万元）	相对变化 $\left(\dfrac{Y_m - Y_a}{Y_a}\right)$（%）
最低收入户（10%）	98 083 199.19	97 986 602.01	96 597.17	0.0985
较低收入户（10%）	151 922 328.99	151 785 820.67	136 508.32	0.0899
中等偏低户（20%）	200 767 960.77	200 595 225.61	172 735.17	0.0860
中等收入户（20%）	270 856 500.15	270 646 129.31	210 370.84	0.0777
中等偏上户（20%）	363 371 575.01	363 075 523.56	296 051.45	0.0815
较高收入户（10%）	490 526 838.35	490 072 899.91	453 938.44	0.0925
最高收入户（10%）	752 310 817.98	751 065 076.12	1 245 741.86	0.1656

续表

收入组别	市场收入（Y_m）（万元）	实际收入（Y_a）（万元）	绝对变化（$Y_m - Y_a$）（万元）	相对变化 $\left(\dfrac{Y_m - Y_a}{Y_a}\right)$（％）
加权平均	316 283 525.64	315 954 415.57	329 110.07	0.0937
基尼系数	0.343973	0.343842	0.000131	

从城镇居民的收入分配差距来说，按市场收入测算的基尼系数为 0.343973，按实际收入测算的基尼系数为 0.343842，基尼系数相对下降 0.000131，累进性指数 P 为 0.025472。因此，征收消费税后，由于最高收入户组收入相比其他户组有较大幅度下降，使得城镇居民收入来源端的收入差距相对略有缩小。

（2）消费税调节农村居民收入分配的收入效应。消费税对农村居民收入分配的影响如表 5-6 所示，整体上与城镇居民类似，实际收入 Y_a 相对于市场收入 Y_m 的降低幅度，从绝对值来看随着不同组别收入水平的提高而增加，但从相对值来说先降后升，呈 U 形变化。与城镇居民不同的是，由于经营收入占总收入的比重较低，农村居民整体收入降低幅度较小，平均为 0.0312％，远小于城镇居民的 0.0937％。高收入户组收入降低幅度大大高于中低收入户组。

表 5-6　　消费税调节农村居民收入分配的收入效应测算

收入组别	市场收入（Y_m）（万元）	实际收入（Y_a）（万元）	绝对变化（$Y_m - Y_a$）（万元）	相对变化 $\left(\dfrac{Y_m - Y_a}{Y_a}\right)$（％）
低收入户（20％）	31 823 632.14	31 814 624.36	9 007.78	0.0283
中等偏低户（20％）	68 986 493.43	68 971 998.94	14 494.49	0.0210

续表

收入组别	市场收入（Y_m）（万元）	实际收入（Y_a）（万元）	绝对变化（$Y_m - Y_a$）（万元）	相对变化 $\left(\dfrac{Y_m - Y_a}{Y_a}\right)$（%）
中等收入户（20%）	102 044 987.59	102 020 511.05	24 476.54	0.0240
中等偏上户（20%）	147 466 905.54	147 426 447.46	40 458.08	0.0274
高收入户（20%）	274 807 183.24	274 655 862.85	151 320.39	0.0551
加权平均	125 025 840.39	124 977 888.93	47 951.45	0.0312
基尼系数	0.361172	0.361112	0.000060	

从农村居民的收入分配差距来说，按市场收入测算的基尼系数为0.361172，按实际收入测算的基尼系数为0.361112，基尼系数下降0.000060，下降幅度较城镇居民略低，累进性指数 P 为 0.011768，说明税收呈累进性。因此，征收消费税后使得农村居民收入来源端的收入差距也略有缩小。

（3）消费税调节全国居民收入分配的收入效应。从收入效应来看，征收消费税使城镇和农村居民内部基尼系数都有所降低，缩小了收入差距；同时，城镇居民收入平均下降幅度为 0.0937%，远大于农村居民的 0.0312%，因此，也缩小了城乡之间的收入差距。征收消费税前全国居民按市场收入测算的基尼系数为 0.419326，征收消费税后按实际收入测算的基尼系数为 0.419162，下降 0.000163，下降幅度大于城镇和农村内部基尼系数下降幅度。累进性指数 P 为0.031930，说明消费税从收入效应上整体呈累进性。

5.1.2.2 消费税调节居民收入分配的消费效应

在消费税税率为 0，也就是不征收消费税的情况下，会使各类商品及劳务价格下降。根据 CGE 模型进行测算结果表明，42 类商品及劳务平均价格下降接近 1%，其中石油、炼焦产品和核燃料加工品行业产品价格下降最多，达到了 7.61%，食品和烟草产品价格下降也超过6%。而消费税的存在，则会使商品及劳务价格上升，居民需要为各类支出支付更高的价格，真实收入相较实际收入会有所下降。由于城镇和农村不同收入组别居民消费结构及边际消费倾向不同，因此征收消费税对居民收入分配会有所影响。

(1) 消费税调节城镇居民收入分配的消费效应。消费税对城镇居民收入支出端的影响如表5-7所示，真实收入 Y_r 相对于实际收入 Y_a 的差额，也就是收入的降低幅度，从绝对值上来说随着不同组别收入水平的提高而增加，但从相对值来说，随着不同组别收入水平的提高而单调递减。其中最低收入户组收入降低1.6890%，是最高收入户组0.8385%的2.01倍。与增值税类似，征收消费税后不同组别居民支出端收入降低幅度不同主要有两方面的原因，一是消费结构不同，二是边际消费倾向不同。对于消费结构来说，如表5-8所示，征收消费税后，由于商品价格变化及消费结构差异，城镇居民各收入组别的消费支出绝对值随收入提高而上升，而相对值随着收入的提高而显著降低，最低收入户组消费支出增加2.0026%是最高收入户组支出增加1.3617%的1.47倍，说明收入较低群体消费中承担的消费税要高于高收入群体，征收消费税加大了城镇居民内部的收入差距。对于边际消费倾向来说，随着收入提高，不同收入组别的边际消费倾向递减，由最低收入户组的86.03%下降到最高收入户组的62.42%，这会加强消费税对城镇居民收入分配的消费效应，使城镇居民收入分配差距进一步扩大。

表5-7　　消费税调节城镇居民收入分配的消费效应测算

收入组别	实际收入（Y_a）（万元）	真实收入（Y_r）（万元）	绝对变化（$Y_a - Y_r$）（万元）	相对变化 $\left(\dfrac{Y_a - Y_r}{Y_a}\right)$（%）
最低收入户（10%）	97 986 602.01	96 331 604.46	1 654 997.55	1.6890
较低收入户（10%）	151 785 820.67	149 697 792.24	2 088 028.43	1.3756

续表

收入组别	实际收入（Y_a）（万元）	真实收入（Y_r）（万元）	绝对变化（$Y_a - Y_r$）（万元）	相对变化 $\left(\dfrac{Y_a - Y_r}{Y_a}\right)$（%）
中等偏低户（20%）	200 595 225.61	198 011 470.29	2 583 755.32	1.2880
中等收入户（20%）	270 646 129.31	267 469 656.88	3 176 472.42	1.1737
中等偏上户（20%）	363 075 523.56	359 233 343.57	3 842 179.99	1.0582
较高收入户（10%）	490 072 899.91	485 279 095.02	4 793 804.89	0.9782
最高收入户（10%）	751 065 076.12	744 767 047.13	6 298 029.00	0.8385
加权平均	315 954 415.57	312 550 448.03	3 403 967.53	1.1921
基尼系数	0.343842	0.344936	-0.001094	

从城镇居民的收入分配差距来说，按实际收入测算的基尼系数为0.343842，按真实收入测算的基尼系数为0.344936，基尼系数上升0.001094，累进性指数 P 为 -0.213736，说明税收具有累退性。因此，征收消费税后使得城镇居民收入支出端的收入差距相对扩大，这是消费结构与边际消费倾向共同作用所形成的。消费结构差异使收入差距扩大，边际消费倾向递减使收入差距缩小，消费结构差异影响相对更大，最终使收入差距扩大。

表5-8　　　消费税对城镇居民消费支出影响测算

收入组别	税前消费（万元）	税后消费（万元）	绝对变化（万元）	相对变化（%）	边际消费倾向（%）
最低收入户（10%）	82 640 448.28	84 295 445.83	1 654 997.55	2.0026	86.03

续表

收入组别	税前消费（万元）	税后消费（万元）	绝对变化（万元）	相对变化（%）	边际消费倾向（%）
较低收入户（10%）	106 957 671.05	109 045 699.48	2 088 028.43	1.9522	71.84
中等偏低户（20%）	138 871 470.95	141 455 226.27	2 583 755.32	1.8605	70.52
中等收入户（20%）	177 864 618.28	181 041 090.70	3 176 472.42	1.7859	66.89
中等偏上户（20%）	231 146 065.80	234 988 245.79	3 842 179.99	1.6622	64.72
较高收入户（10%）	308 708 783.44	313 502 588.33	4 793 804.89	1.5529	63.97
最高收入户（10%）	462 513 055.67	468 811 084.67	6 298 029.00	1.3617	62.42

（2）消费税调节农村居民收入分配的消费效应。消费税对农村居民收入支出端的影响如表5-9所示，真实收入Y_r相对于实际收入Y_a的降低幅度，从绝对值来看随着不同组别收入水平的提高而增加，但从相对值来说随着收入的提高而降低。从变动幅度来说，农村居民收入下降要大于城镇居民，平均下降为1.7709%，高于城镇居民收入平均下降幅度1.1921%。低收入户组收入下降最多，达到了3.4232%，是高收入户0.9204%的3.72倍，也远高于城镇居民中收入下降最多的最低收入户组的1.6890%。进一步分析发现，如表5-10所示，从消费结构上说，消费税对农村居民消费支出影响的相对变化幅度先升后降，但差距较小，也没有像城镇居民那样随着收入

提高而严格递减,因此消费结构对农村各个收入组别的消费支出影响差异不大。从边际消费倾向上来说,低收入户组的边际消费倾向达到了192.15%,远远高于高收入户组的56.13%,农村居民收入较低,消费占比较大,有些甚至入不敷出。因此,征收消费税后使得农村不同组别居民收入变动差距的主要原因是边际消费倾向的巨大差异。

表5–9　消费税调节农村居民收入分配的消费效应测算

收入组别	实际收入(Y_a)（万元）	真实收入(Y_r)（万元）	绝对变化 ($Y_a - Y_r$)（万元）	相对变化 $\left(\dfrac{Y_a - Y_r}{Y_a}\right)$（%）
低收入户（20%）	31 814 624.36	30 725 535.00	1 089 089.36	3.4232
中等偏低户（20%）	68 971 998.94	67 705 996.56	1 266 002.39	1.8355
中等收入户（20%）	102 020 511.05	100 543 549.73	1 476 961.32	1.4477
中等偏上户（20%）	147 426 447.46	145 616 671.53	1 809 775.93	1.2276
高收入户（20%）	274 655 862.85	272 127 962.76	2 527 900.09	0.9204
加权平均	124 977 888.93	123 343 943.12	1 633 945.82	1.7709
基尼系数	0.361112	0.363676	-0.002565	

表5–10　消费税对农村居民消费支出影响测算

收入组别	税前消费（万元）	税后消费（万元）	绝对变化（万元）	相对变化（%）	边际消费倾向（%）
低收入户（20%）	60 041 248.47	61 130 337.83	1 089 089.36	1.8139	192.15
中等偏低户（20%）	62 577 966.23	63 843 968.62	1 266 002.39	2.0231	92.57

续表

收入组别	税前消费（万元）	税后消费（万元）	绝对变化（万元）	相对变化（%）	边际消费倾向（%）
中等收入户（20%）	75 353 489.90	76 830 451.22	1 476 961.32	1.9600	75.31
中等偏上户（20%）	94 438 298.44	96 248 074.37	1 809 775.93	1.9164	65.29
高收入户（20%）	151 647 719.46	154 175 619.55	2 527 900.09	1.6670	56.13

从农村居民的收入分配差距来说，按实际收入测算的基尼系数为 0.361112，按真实收入测算的基尼系数为 0.363676，基尼系数提高了 0.002565，累进性指数 P 为 -0.501033，说明税收具有累退性。因此，由于边际消费倾向递减，征收消费税对低收入群体影响较大，对高收入群体影响相对较小，导致农村居民收入支出端的收入差距相对扩大，而且扩大幅度远远高于城镇居民收入差距水平。

（3）消费税调节全国居民收入分配的消费效应。从消费效应来看，征收消费税使城镇和农村居民内部基尼系数都有所提高，扩大了各自的收入差距；同时，城镇居民收入平均下降幅度为 1.1817%，小于农村居民的 1.7649%，因此，城乡之间的收入差距也进一步扩大了。全国居民按实际收入测算的基尼系数为 0.419162，按真实收入测算的基尼系数为 0.420585，提高了 0.001423，累进性指数 P 为 -0.277911，说明从消费效应来说消费税具有累退性。

5.1.2.3 消费税调节居民收入分配的整体效应

征收消费税对居民收入分配既产生收入效应，又产生消费效应。从收入效应来看，征收消费税使城镇居民基尼系数下降

0.000130，使农村居民基尼系数下降0.000060，使全国居民整体基尼系数下降0.000163，在一定程度上降低了城乡内部以及全国整体的收入差距。

从消费效应来看，征收消费税使城镇居民基尼系数上升0.001095，使农村居民基尼系数上升0.002565，使全国居民整体基尼系数上升0.001423，在一定程度上拉大了城乡内部以及全国整体的收入差距。

从整体效应来看，征收消费税使城镇居民基尼系数上升0.000964，使农村居民基尼系数上升0.002504，使全国居民整体基尼系数上升0.001259，累进性指数P为-0.001259。因此，从总体上说，消费税的征收，使城镇居民内部、农村居民内部及全国居民总体的收入差距都有所扩大，税收呈累退性。

5.1.3 营业税调节居民收入分配效应测算分析

本书是以2012年社会核算矩阵为基础进行分析，当时营业税在我国税收体系中占有重要地位，其税收收入占税收总收入的比重为15.65%，仅次于增值税和企业所得税。为了分析的完整性，本书也对当时的营业税调节居民收入分配效应进行测算分析，并在下文中分析营改增的居民收入分配效应。

5.1.3.1 营业税调节居民收入分配的收入效应

根据CGE模型进行测算，在营业税税率为0，也就是不征收营业税的情况下，要素价格会有所上升，资本要素价格相对劳动要素价格会提高2.9067%。

（1）营业税调节城镇居民收入分配的收入效应。营业税对城镇居民收入分配的影响如表5-11所示，征税后实际收入Y_a相对于没有征收营业税的市场收入Y_m的降低幅度，从绝对值上来说随着不同组别居民收入水平的提高而单调递增，但从相对值来说，却先降后升，呈U形变化。这是因为最低收入户组和最高收入户组收入中资本收入占比相对较多，征收营业税后使得资本要素价格下降，进而对其影响相对较大。

表 5-11　营业税调节城镇居民收入分配的收入效应测算

收入组别	市场收入（Y_m）（万元）	实际收入（Y_a）（万元）	绝对变化（$Y_m - Y_a$）（万元）	相对变化 $\left(\dfrac{Y_m - Y_a}{Y_a}\right)$（%）
最低收入户（10%）	98 202 564.18	97 986 602.01	215 962.17	0.2199
较低收入户（10%）	152 091 012.14	151 785 820.67	305 191.47	0.2007
中等偏低户（20%）	200 981 409.38	200 595 225.61	386 183.78	0.1921
中等收入户（20%）	271 116 455.11	270 646 129.31	470 325.80	0.1735
中等偏上户（20%）	363 737 405.38	363 075 523.56	661 881.82	0.1820
较高收入户（10%）	491 087 769.46	490 072 899.91	1 014 869.55	0.2067
最高收入户（10%）	753 850 179.52	751 065 076.12	2 785 103.39	0.3695
加权平均	316 690 206.50	315 954 415.57	735 790.94	0.2092
基尼系数	0.344133	0.343842	0.000291	

从城镇居民的收入分配差距来说，按市场收入测算的基尼系数为 0.344133，按实际收入测算的基尼系数为 0.343842，基尼系数相对下降 0.000291，累进性指数 P 为 0.028438，税收具有累进性。因此，征收营业税后，由于最高收入户组相对其他户组收入下降幅度较大，使得城镇居民收入来源端的收入差距有所缩小。

（2）营业税调节农村居民收入分配的收入效应。营业税对农村居民收入分配的影响如表 5-12 所示，与城镇居民相似，实际收入 Y_a 相对于市场收入 Y_m 的降低幅度，从绝对值上来看，随着不同组别收入水平的提高而增加，但从相对值来说先降后升，呈 U 形变化。由于经营收入占总收入的比重较低，相对于城镇居民，除了高收入户组外,农村居民整体收入降低幅度较小,平均为0.0696%,远小于城镇居民的0.2092%。

表5-12 营业税调节农村居民收入分配的收入效应测算

收入组别	市场收入(Y_m)(万元)	实际收入(Y_a)(万元)	绝对变化($Y_m - Y_a$)(万元)	相对变化$\left(\dfrac{Y_m - Y_a}{Y_a}\right)$(%)
低收入户(20%)	31 834 763.03	31 814 624.36	20 138.67	0.0633
中等偏低户(20%)	69 004 404.25	68 971 998.94	32 405.30	0.0470
中等收入户(20%)	102 075 233.22	102 020 511.05	54 722.17	0.0536
中等偏上户(20%)	147 516 899.53	147 426 447.46	90 452.07	0.0613
高收入户(20%)	274 994 169.64	274 655 862.85	338 306.79	0.1230
加权平均	125 085 093.93	124 977 888.93	107 205.00	0.0696
基尼系数	0.361246	0.361112	0.000134	

从农村居民的收入分配差距来说,按市场收入测算的基尼系数为0.361246,按实际收入测算的基尼系数为0.361112,基尼系数相对下降0.000134,累进性指数P为0.013151,征收营业税后使得农村居民收入来源端的收入差距略有缩小,税收呈累进性。由于农村居民资本收入占比较低,因此征收营业税对农村居民收入影响较小,基尼系数下降幅度略低于城镇居民。

(3)营业税调节全国居民收入分配的收入效应。从收入效应来看,征收营业税使城镇和农村居民内部基尼系数都有所降低,缩小了收入差距;同时,由于城镇居民资本收入占比较大,收入平均下降幅度为0.2092%,远大于农村居民,说明城乡之间的收入差距也有所缩小。征收营业税前全国居民按市场收入测算的基尼系数为0.419527,征收营业税后按实际收入测算的基尼系数为0.419162,

下降 0.000365，下降幅度大于城镇和农村内部基尼系数下降幅度。累进性指数 P 为 0.035655，说明税收具有累进性。

5.1.3.2 营业税调节居民收入分配的消费效应

不征收营业税的情况下，各类商品及劳务由于成本降低，市场价格会有所下降。根据 CGE 模型进行测算结果表明，42 类商品及劳务平均价格下降幅度超过 1%，其中房地产业价格下降最多，达到了 8.94%，居民服务、修理和其他服务业下降幅度达到 6.12%，其他如金融业、租赁和商务服务业下降了 3% 以上。而营业税的存在，则会使商品及劳务价格上升，居民需要为各类支出支付更高的价格，真实收入相较实际收入会有所下降。

（1）营业税调节城镇居民收入分配的消费效应。营业税对城镇居民收入支出端的影响如表 5-13 所示，真实收入 Y_r 相对于实际收入 Y_a 的降低幅度，从绝对值上来说随着不同组别收入水平的提高而增加，但从相对值来说，不同组别收入水平变化规律性不太明显，除了最低收入户组收入降低了 1.5018%，其他收入户组均在 1.2% ~ 1.3% 左右。如表 5-14 所示，征收营业税后，由于商品价格变化及消费结构差异，城镇居民各收入组别的消费支出绝对值随收入提高而上升，而相对值基本随着收入的提高而相对提高，从最低收入户组的 1.7767%，较低收入户组的 1.7309%，上升到最高收入户组的 2.1842%。说明收入较高群体消费结构中，属于营业税税负较重的行业，如房地产、金融、租赁和商务服务业的比例较高，而较低收入群体消费这些劳务的比例较低，因此征收营业税使高收入阶层的支出额增加更多一些，从而缩小了城镇居民的收入差距。而另一方面边际消费倾向递减使收入差距有所扩大，因为高收入群体多增加的消费支出相对其收入来说所占收入比重较小。两方面共同的作用使不同收入组群的城镇居民在征收营业税的情况下收入变化差距不太显著，也没有规律性。

表 5-13　营业税调节城镇居民收入分配的消费效应测算

收入组别	实际收入（Y_a）（万元）	真实收入（Y_r）（万元）	绝对变化（$Y_a - Y_r$）（万元）	相对变化 $\left(\dfrac{Y_a - Y_r}{Y_a}\right)$（%）
最低收入户（10%）	97 986 602.01	96 515 042.45	1 471 559.57	1.5018
较低收入户（10%）	151 785 820.67	149 930 507.38	1 855 313.30	1.2223
中等偏低户（20%）	200 595 225.61	198 103 389.07	2 491 836.54	1.2422
中等收入户（20%）	270 646 129.31	267 416 400.29	3 229 729.02	1.1933
中等偏上户（20%）	363 075 523.56	358 630 577.88	4 444 945.68	1.2242
较高收入户（10%）	490 072 899.91	483 875 218.55	6 197 681.36	1.2646
最高收入户（10%）	751 065 076.12	741 043 975.21	10 021 100.91	1.3343
加权平均	315 954 415.57	311 966 547.81	3 987 867.76	1.2642
基尼系数	0.343842	0.343776	0.000066	

表 5-14　营业税对城镇居民消费支出影响测算

收入组别	税前消费（万元）	税后消费（万元）	绝对变化（万元）	相对变化（%）	边际消费倾向（%）
最低收入户（10%）	82 823 886.26	84 295 445.83	1 471 559.57	1.7767	86.03
较低收入户（10%）	107 190 386.18	109 045 699.48	1 855 313.30	1.7309	71.84
中等偏低户（20%）	138 963 389.73	141 455 226.27	2 491 836.54	1.7932	70.52

续表

收入组别	税前消费（万元）	税后消费（万元）	绝对变化（万元）	相对变化（%）	边际消费倾向（%）
中等收入户（20%）	177 811 361.68	181 041 090.70	3 229 729.02	1.8164	66.89
中等偏上户（20%）	230 543 300.11	234 988 245.79	4 444 945.68	1.9280	64.72
较高收入户（10%）	307 304 906.97	313 502 588.33	6 197 681.36	2.0168	63.97
最高收入户（10%）	458 789 983.76	468 811 084.67	10 021 100.91	2.1842	62.42

从城镇居民的收入分配差距来说，按实际收入测算的基尼系数为 0.343842，按真实收入测算的基尼系数为 0.343776，基尼系数略微下降了 0.000066，累进性指数 P 为 0.006438。因此，征收营业税后使得城镇居民收入支出端的收入差距相对缩小，税收呈累进性，这在间接税中是比较罕见的情况。说明在消费结构和边际消费倾向对居民收入分配共同作用，且作用力相反的情况下，前者对收入差距的影响更大一些。

(2) 营业税调节农村居民收入分配的消费效应。营业税对农村居民收入支出端的影响如表 5-15 所示，真实收入 Y_r 相对于实际收入 Y_a 的降低幅度，从绝对值来看，除了低收入户组外，随着不同组别收入水平的提高而增加，而低收入户组的收入降低幅度是大于中等偏低户组的。从相对值来说随着收入的提高而降低，且低收入户组收入降低幅度大大高于其他户组。从变动幅度来说，农村居民收入下降要大于城镇居民，平均下降为 1.5131%，高于城镇居民收入平均下降幅度 1.2642%。低收入户组收入下降最多，达到了 3.1811%，是高收入户 0.9804% 的 3.24 倍。进一步分析发现,如表 5-16 所示,营业税对农村居民消费支出影响的相对变化幅度随着收入提高而先降后升,呈 U 形变化,低收入户组和高收入户组变化较大。由于低收入户组的边际消费倾向过高,使得该户组征收营业税后收入下降幅度远远高于其他户组。

表 5-15　营业税调节农村居民收入分配的消费效应测算

收入组别	实际收入（Y_a）（万元）	真实收入（Y_r）（万元）	绝对变化（$Y_a - Y_r$）（万元）	相对变化 $\left(\dfrac{Y_a - Y_r}{Y_a}\right)$（%）
低收入户（20%）	31 814 624.36	30 802 561.10	1 012 063.26	3.1811
中等偏低户（20%）	68 971 998.94	68 066 891.62	905 107.33	1.3123
中等收入户（20%）	102 020 511.05	100 894 006.68	1 126 504.37	1.1042
中等偏上户（20%）	147 426 447.46	145 970 444.03	1 456 003.43	0.9876
高收入户（20%）	274 655 862.85	271 963 001.40	2 692 861.45	0.9804
加权平均	124 977 888.93	123 539 380.97	1 438 507.97	1.5131
基尼系数	0.361112	0.362783	-0.001671	

表 5-16　营业税对农村居民消费支出影响测算

收入组别	税前消费（万元）	税后消费（万元）	绝对变化（万元）	相对变化（%）	边际消费倾向（%）
低收入户（20%）	60 118 274.57	61 130 337.83	1 012 063.26	1.6835	192.15
中等偏低户（20%）	62 938 861.29	63 843 968.62	905 107.33	1.4381	92.57

续表

收入组别	税前消费（万元）	税后消费（万元）	绝对变化（万元）	相对变化（%）	边际消费倾向（%）
中等收入户（20%）	75 703 946.85	76 830 451.22	1 126 504.37	1.4880	75.31
中等偏上户（20%）	94 792 070.94	96 248 074.37	1 456 003.43	1.5360	65.29
高收入户（20%）	151 482 758.10	154 175 619.55	2 692 861.45	1.7777	56.13

从农村居民的收入分配差距来说，按实际收入测算的基尼系数为 0.361112，按真实收入测算的基尼系数为 0.362783，基尼系数提高了 0.001671，累进性指数 P 为 -0.163269。因此，由于边际消费倾向递减，征收营业税对低收入群体影响较大，对高收入群体影响相对较小，导致农村居民收入支出端的收入差距相对扩大。

（3）营业税调节全国居民收入分配的消费效应。从消费效应来看，征收营业税使农村居民内部基尼系数有所提高，城镇居民内部基尼系数下降；同时，城镇居民收入平均下降幅度为 1.2642%，小于农村居民的 1.5131%，因此，城乡之间的收入差距也进一步扩大了。全国居民按实际收入测算的基尼系数为 0.419162，按真实收入测算的基尼系数为 0.419285，提高了 0.000123，累进性指数 P 为 -0.011997，税收呈累退性。

5.1.3.3 营业税调节居民收入分配的整体效应

征收营业税对居民收入分配既产生收入效应，又产生消费效应。

从收入效应来看，征收营业税使城镇居民基尼系数下降 0.000291，使农村居民基尼系数下降 0.000135，使全国居民整体基尼系数下降 0.000365，在一定程度上降低了城乡内部以及全国整体的收入差距。

从消费效应来看，征收营业税使城镇居民基尼系数下降 0.000066，使农村居民基尼系数上升 0.001671，使全国居民整体基尼系数上升 0.000123，在一定程度上拉大了农村内部以及全国整体的收入差距，但使城镇内部收入差距有所缩小。

从整体效应来看，征收营业税使城镇居民基尼系数下降 0.000357，使农村居民基尼系数上升 0.001537，使全国居民整体基尼系数下降 0.000242。因此，从总体上说，营业税的征收，使农村居民内部收入差距有所扩大，使城镇居民内部的收入差距都有所降低，从全国居民总体上来说，收入差距是降低的，累进性指数 P 为 0.023658，税收呈累进性。

5.1.4 其他间接税调节居民收入分配效应测算分析

其他间接税是除了增值税、消费税和营业税之外的间接税，包括城建税、关税、土地增值税、资源税、车辆购置税、烟叶税、契税、房产税、城镇土地使用税、车船税、印花税等，单个税种税收收入占比较小，但整体占比较大，2012 年其税收收入总和占我国税收收入总额的 24.95%，2018 年占比为 22.41%。

5.1.4.1 其他间接税调节居民收入分配的收入效应

根据 CGE 模型进行测算，在其他间接税税率为 0，也就是不征收其他间接税的情况下，会使要素价格上升，资本要素价格相对劳动要素价格会提高 4.6663%。由于城镇和农村不同收入组别居民劳动收入与资本收入结构不同，因此要素价格变化会对居民收入分配产生影响。

（1）其他间接税调节城镇居民收入分配的收入效应。其他间接税对城镇居民收入分配的影响如表 5-17 所示，征税后实际收入 Y_a 相对于没有征收其他间接税的市场收入 Y_m 的降低幅度，从绝对值上来说随着收入水平的提高而单调递增，但从相对值来说是先降后升，呈 U 形变化。因为最高收入户组和最低收入户组居民的资本收入相对较多，征收其他间接税后使得资本要素价格下降，因而对其总体收入影响最大。而中等收入户组居民资本收入占比较少，征收其他间接税后实际收入下降 0.2782%，仅为最高收入户组居民的 47.01%。

表 5-17　其他间接税调节城镇居民收入分配的收入效应测算

收入组别	市场收入（Y_m）（万元）	实际收入（Y_a）（万元）	绝对变化（$Y_m - Y_a$）（万元）	相对变化 $\left(\dfrac{Y_m - Y_a}{Y_a}\right)$（%）
最低收入户（10%）	98 333 296.70	97 986 602.01	346 694.69	0.3526
较低收入户（10%）	152 275 759.54	151 785 820.67	489 938.87	0.3217
中等偏低户（20%）	201 215 185.41	200 595 225.61	619 959.80	0.3081
中等收入户（20%）	271 401 166.44	270 646 129.31	755 037.13	0.2782
中等偏上户（20%）	364 138 074.99	363 075 523.56	1 062 551.43	0.2918
较高收入户（10%）	491 702 119.90	490 072 899.91	1 629 219.98	0.3313
最高收入户（10%）	755 536 139.53	751 065 076.12	4 471 063.41	0.5918
加权平均	317 135 616.93	315 954 415.57	1 181 201.37	0.3354
基尼系数	0.344309	0.343842	0.000467	

从城镇居民的收入分配差距来说，按市场收入测算的基尼系数为 0.344309，按实际收入测算的基尼系数为 0.343842，基尼系数相对下降 0.000467，累进性指数 P 为 0.030803，税收呈累进性。因此，征收其他间接税后，由于最高收入户组居民收入相比其他户组有较大幅度下降，使得城镇居民收入来源端的差距相对略有缩小。

（2）其他间接税调节农村居民收入分配的收入效应。其他间接税对农村居民收入分配的影响如表 5-18 所示，与城镇居民相似，实

际收入 Y_a 相对于市场收入 Y_m 的降低幅度,从绝对值来看随着不同组别收入水平的提高而增加,但从相对值来说先降后升,呈 U 形变化。由于经营收入占总收入的比重较低,农村居民整体收入降低幅度较小,平均为 0.1117%,远小于城镇居民的 0.3354%。

表 5 – 18　　其他间接税调节农村居民收入分配的收入效应测算

收入组别	市场收入(Y_m)（万元）	实际收入(Y_a)（万元）	绝对变化($Y_m - Y_a$)（万元）	相对变化$\left(\dfrac{Y_m - Y_a}{Y_a}\right)$（%）
低收入户（20%）	31 846 953.96	31 814 624.36	32 329.60	0.1015
中等偏低户（20%）	69 024 020.77	68 971 998.94	52 021.83	0.0754
中等收入户（20%）	102 108 359.23	102 020 511.05	87 848.18	0.0860
中等偏上户（20%）	147 571 654.62	147 426 447.46	145 207.16	0.0984
高收入户（20%）	275 198 963.38	274 655 862.85	543 100.53	0.1973
加权平均	125 149 990.39	124 977 888.93	172 101.46	0.1117
基尼系数	0.361327	0.361112	0.000215	

从农村居民的收入分配差距来说,按市场收入测算的基尼系数为 0.361327,按实际收入测算的基尼系数为 0.361112,基尼系数下降 0.000215,下降幅度较城镇居民略低,累进性指数 P 为 0.014258,说明税收呈累进性。因此,征收其他间接税后使农村居民收入来源端的收入差距略有缩小。

(3) 其他间接税调节全国居民收入分配的收入效应。从收入效应来看,征收其他间接税使城镇和农村居民内部基尼系数都有所降低,缩小了收入差距;同时,城镇居民收入平均下降幅度为 0.3354%,是农村居民的 3 倍,因此,城乡之间的收入差距也有所缩小。征收其他间接税前全国居民按市场收入测算的基尼系数为

0.419747，征收其他间接税后按实际收入测算的基尼系数为 0.419162，MT 为 0.000585，下降幅度大于城镇和农村内部基尼系数下降幅度。累进性指数 P 为 0.038628，说明整体上其他间接税从收入效应上呈累进性。

5.1.4.2 其他间接税调节居民收入分配的消费效应

在其他间接税税率为 0，也就是不征收其他间接税的情况下，由于成本降低，会使各类商品及劳务价格下降。根据 CGE 模型进行测算结果表明，42 类商品及劳务平均价格下降 2.23%，其中房地产业价格下降最多，达到了 12.43%，批发和零售业价格下降了 8.67%，非金属矿和其他矿采选产品、化学产品、水利、环境和公共设施管理、居民服务、修理和其他服务等行业价格下降超过 3%。而其他间接税的存在，则会使商品及劳务价格上升，居民需要为各类支出支付更高的价格，真实收入相较实际收入会有所下降。由于城镇和农村不同收入组别居民消费结构不同，因此对居民收入分配会有所影响。

（1）其他间接税调节城镇居民收入分配的消费效应。其他间接税对城镇居民收入支出端的影响如表 5-19 所示，真实收入 Y_r 相对于实际收入 Y_a 的下降幅度，从绝对值上来说，随着不同组别收入水平的提高而增加，但从相对值来说，除了最低收入组居民降幅较多外，其他组别居民收入变化差别不大，均在 2% 左右。从消费结构来说，如表 5-20 所示，征收其他间接税后，由于商品价格变化及消费结构差异，城镇居民各收入组别的消费支出绝对值随收入提高而上升，相对值随着收入的提高也有所增加，说明收入较高群体消费中承担的其他间接税要高于较低收入群体，征收其他间接税会缩小城镇居民内部的收入差距。对于边际消费倾向来说，随着收入提高，不同收入组别的边际消费倾向递减，这会使征收其他间接税后因消费结构而引起的城镇居民收入分配差距效应有所降低。整体来说，征收其他间接税，使城镇居民支出端收入分配的变化差异不大，不具有明显的规律性。

表 5–19　其他间接税调节城镇居民收入分配的消费效应测算

收入组别	实际收入 (Y_a) （万元）	真实收入 (Y_r) （万元）	绝对变化 ($Y_a - Y_r$) （万元）	相对变化 $\left(\dfrac{Y_a - Y_r}{Y_a}\right)$ （%）
最低收入户（10%）	97 986 602.01	95 615 491.41	2 371 110.61	2.4198
较低收入户（10%）	151 785 820.67	148 757 292.24	3 028 528.43	1.9953
中等偏低户（20%）	200 595 225.61	196 565 369.03	4 029 856.58	2.0089
中等收入户（20%）	270 646 129.31	265 449 868.00	5 196 261.30	1.9199
中等偏上户（20%）	363 075 523.56	356 051 209.31	7 024 314.25	1.9347
较高收入户（10%）	490 072 899.91	480 414 459.64	9 658 440.28	1.9708
最高收入户（10%）	751 065 076.12	735 848 289.87	15 216 786.26	2.0260
加权平均	315 954 415.57	309 676 842.58	6 277 572.98	2.0139
基尼系数	0.343842	0.343993	-0.000151	

表 5–20　其他间接税对城镇居民消费支出影响测算

收入组别	税前消费 （万元）	税后消费 （万元）	绝对变化 （万元）	相对变化 （%）	边际消费倾向 （%）
最低收入户 （10%）	81 924 335.22	84 295 445.83	2 371 110.61	2.8943	86.03
较低收入户 （10%）	106 017 171.05	109 045 699.48	3 028 528.43	2.8566	71.84
中等偏低户 （20%）	137 425 369.69	141 455 226.27	4 029 856.58	2.9324	70.52

续表

收入组别	税前消费（万元）	税后消费（万元）	绝对变化（万元）	相对变化（%）	边际消费倾向（%）
中等收入户（20%）	175 844 829.40	181 041 090.70	5 196 261.30	2.9550	66.89
中等偏上户（20%）	227 963 931.54	234 988 245.79	7 024 314.25	3.0813	64.72
较高收入户（10%）	303 844 148.05	313 502 588.33	9 658 440.28	3.1787	63.97
最高收入户（10%）	453 594 298.41	468 811 084.67	15 216 786.26	3.3547	62.42

从城镇居民的收入分配差距来说，按实际收入测算的基尼系数为0.343842，按真实收入测算的基尼系数为0.343993，基尼系数上升0.000151，累进性指数 P 为 -0.009928，说明税收具有累退性。因此，虽然相对变化不具有明显的规律性，征收其他间接税后还是使得了城镇居民收入支出端的收入差距相对扩大，这是消费结构与边际消费倾向共同作用所形成的。

(2) 其他间接税调节农村居民收入分配的消费效应。其他间接税对农村居民收入支出端的影响如表 5-21 所示，真实收入 Y_r 相对于实际收入 Y_a 的降低幅度，与前面分析的增值税、消费税和营业税不同的是，从绝对值来看随着不同组别收入水平的提高而先降后升，低收入户组居民收入下降的绝对值大于中等偏低户组居民。从相对值来说随着收入的提高而降低，但低收入户组的收入下降了 5.7695%，下降幅度远远高于其他户组，是下降幅度第二高的中低偏低户组的2.35 倍，是下降幅度最小的高收入户组的 3.37 倍。进一步分析发现，如表 5-22 所示，从消费结构上说，其他间接税对农村居民消费支出影响的相对变化幅度先降后升，低收入户组的支出增加达到了 3.0956%，仅略低于高收入户组，说明低收入户组居民消费中承担了较多的其他间接税。从边际消费倾向上来说，低收入户组的边际消费倾向达到了 192.15%，远远高于其他户组。因此，消费结构和边际消费倾向两方面的因素使得了征收其他间接税后低收入户组居民收入下降最大，且远高于其他居民。

表5-21　其他间接税调节农村居民收入分配的消费效应测算

收入组别	实际收入（Y_a）（万元）	真实收入（Y_r）（万元）	绝对变化（$Y_a - Y_r$）（万元）	相对变化 $\left(\dfrac{Y_a - Y_r}{Y_a}\right)$（%）
低收入户（20%）	31 814 624.36	29 979 084.74	1 835 539.62	5.7695
中等偏低户（20%）	68 971 998.94	67 282 235.79	1 689 763.15	2.4499
中等收入户（20%）	102 020 511.05	99 947 974.60	2 072 536.45	2.0315
中等偏上户（20%）	147 426 447.46	144 787 489.86	2 638 957.60	1.7900
高收入户（20%）	274 655 862.85	269 950 425.74	4 705 437.11	1.7132
加权平均	124 977 888.93	122 389 442.15	2 588 446.79	2.7508
基尼系数	0.361112	0.364376	-0.003264	

表5-22　其他间接税对农村居民消费支出影响测算

收入组别	税前消费（万元）	税后消费（万元）	绝对变化（万元）	相对变化（%）	边际消费倾向（%）
低收入户（20%）	59 294 798.21	61 130 337.83	1 835 539.62	3.0956	192.15

续表

收入组别	税前消费（万元）	税后消费（万元）	绝对变化（万元）	相对变化（%）	边际消费倾向（%）
中等偏低户(20%)	62 154 205.47	63 843 968.62	1 689 763.15	2.7187	92.57
中等收入户(20%)	74 757 914.77	76 830 451.22	2 072 536.45	2.7723	75.31
中等偏上户(20%)	93 609 116.77	96 248 074.37	2 638 957.60	2.8191	65.29
高收入户(20%)	149 470 182.44	154 175 619.55	4 705 437.11	3.1481	56.13

从农村居民的收入分配差距来说，按实际收入测算的基尼系数为 0.361112，按真实收入测算的基尼系数为 0.364376，基尼系数上升 0.003264，累进性指数 P 为 -0.215541，说明税收具有累退性。因此，消费结构和边际消费倾向两方面因素导致征收其他间接税对低收入群体收入有较大幅度下降，扩大了农村居民收入支出端的收入差距，而且幅度也远高于城镇居民收入差距水平。

（3）其他间接税调节全国居民收入分配的消费效应。从消费效应来看，征收其他间接税使城镇和农村居民内部基尼系数都有所提高，扩大了各自的收入差距；同时，城镇居民收入平均下降幅度为 2.0139%，小于农村居民的 2.7508%，因此，城乡之间的收入差距也进一步扩大了。全国居民按实际收入测算的基尼系数为 0.419162，按真实收入测算的基尼系数为 0.419906，基尼系数上升 0.000744，累进性指数 P 为 -0.049095，说明从消费效应来说其他间接税具有累退性。

5.1.4.3 其他间接税调节居民收入分配的整体效应

征收其他间接税对居民收入分配既产生收入效应，又产生消费效应。

从收入效应来看，征收其他间接税使城镇居民基尼系数下降0.000467，使农村居民基尼系数下降0.000216，使全国居民整体基尼系数下降0.000585，在一定程度上降低了城乡内部以及全国整体的收入差距。

从消费效应来看，征收其他间接税使城镇居民基尼系数上升0.000150，使农村居民基尼系数上升0.003265，使全国居民整体基尼系数上升0.000744，在一定程度上拉大了城乡内部以及全国整体的收入差距。

从整体效应来看，征收其他间接税使城镇居民基尼系数下降0.000316，使农村居民基尼系数上升0.003049，使全国居民整体基尼系数上升0.000159。因此，从总体上说，其他间接税的征收，使城镇居民内部收入差距有所降低，使农村居民内部收入差距有所扩大，也使全国居民总体的收入差距有所扩大，累进性指数P为-0.010467，税收呈累退性。

5.1.5 间接税整体调节居民收入分配效应测算分析

在对增值税、消费税、营业税和其他间接税各自的居民收入分配效应进行分析测算的基础上，本书分析间接税整体对居民收入分配的影响。

5.1.5.1 间接税整体调节居民收入分配的收入效应

根据CGE模型进行测算，在增值税、消费税、营业税和其他间接税等所有间接税税率为0，也就是不征收所有间接税的情况下，要素价格会有所上升，资本要素价格相对劳动要素价格会提高14.5868%。由于城镇和农村不同收入组别居民劳动收入与资本收入结构不同,因此要素价格变化会对居民收入分配产生影响。

(1) 间接税整体调节城镇居民收入分配的收入效应。间接税整体对城镇居民收入分配的影响如表 5-23 所示,征税后实际收入 Y_a 相对于没有征收间接税的市场收入 Y_m 的降低幅度,从绝对值上来说随着不同组别收入水平的提高而增加,但从相对值来说,随着不同组别收入水平的提高而先降后升,呈 U 形变化。其中最高收入户组收入下降幅度最大,为 1.0404%,中等收入户组下降幅度最小,为 0.8645%。其原因与前面分析的单个税种类似,是因为最高收入户组和最低收入户组的资本收入相对较多,征间接税整体后使得资本要素价格下降,进而影响了其总体收入。

表 5-23　间接税整体调节城镇居民收入分配的收入效应测算

收入组别	市场收入（Y_m）（万元）	实际收入（Y_a）（万元）	绝对变化（$Y_m - Y_a$）（万元）	相对变化 $\left(\dfrac{Y_m - Y_a}{Y_a}\right)$（%）
最低收入户 (10%)	99 070 359.91	97 986 602.01	1 083 757.90	1.0939
较低收入户 (10%)	153 317 355.86	151 785 820.67	1 531 535.19	0.9989
中等偏低户 (20%)	202 533 202.62	200 595 225.61	1 937 977.01	0.9569
中等收入户 (20%)	273 006 354.27	270 646 129.31	2 360 224.97	0.8645
中等偏上户 (20%)	366 397 029.61	363 075 523.56	3 321 506.05	0.9065
较高收入户 (10%)	495 165 796.02	490 072 899.91	5 092 896.11	1.0285
最高收入户 (10%)	765 041 495.32	751 065 076.12	13 976 419.20	1.8269
加权平均	319 646 818.01	315 954 415.57	3 692 402.45	1.0404
基尼系数	0.345288	0.343842	0.001446	

从城镇居民的收入分配差距来说,按市场收入测算的基尼系数为 0.345288,按实际收入测算的基尼系数为 0.343842,基尼系数下降

0.001446。因此,所有间接税的征收,由于最高收入户组收入相比其他户组有较大幅度下降,使得城镇居民收入来源端的收入差距相对有所缩小。

(2)间接税整体调节农村居民收入分配的收入效应。间接税整体对农村居民收入分配的影响如表5-24所示,整体上与城镇居民类似,实际收入Y_a相对于市场收入Y_m的降低幅度,从绝对值来说单调递增,但从相对值来说先降后升,呈U形变化。由于经营收入占总收入的比重较低,农村居民整体收入降低幅度较小,平均为0.3483%,高收入户组收入降低幅度达到了0.6143%,整体来说远小于城镇居民水平。

表5-24　间接税整体调节农村居民收入分配的收入效应测算

收入组别	市场收入(Y_m)（万元）	实际收入(Y_a)（万元）	绝对变化 $(Y_m - Y_a)$（万元）	相对变化 $\left(\dfrac{Y_m - Y_a}{Y_a}\right)$(%)
低收入户(20%)	31 915 685.80	31 814 624.36	101 061.44	0.3167
中等偏低户(20%)	69 134 617.72	68 971 998.94	162 618.78	0.2352
中等收入户(20%)	102 295 122.01	102 020 511.05	274 610.96	0.2684
中等偏上户(20%)	147 880 360.97	147 426 447.46	453 913.51	0.3069
高收入户(20%)	276 353 579.91	274 655 862.85	1 697 717.06	0.6143
加权平均	125 515 873.28	124 977 888.93	537 984.35	0.3483
基尼系数	0.361785	0.361112	0.000673	

从农村居民的收入分配差距来说,按市场收入测算的基尼系数为0.361785,按实际收入测算的基尼系数为0.361112,MT为0.000673,下降幅度较城镇居民略低。因此,征收间接税整体后使得农村居民收入来源端的收入差距也略有缩小。

(3) 间接税整体调节全国居民收入分配的收入效应。从收入效应来看，征收间接税整体使城镇和农村居民内部基尼系数都有所降低，缩小了收入差距；同时，城镇居民收入平均下降幅度远大于农村居民，因此，也缩小了城乡之间的收入差距。征收间接税整体前全国居民按市场收入测算的基尼系数为 0.420978，征收间接税整体后按实际收入测算的基尼系数为 0.419162，下降 0.001816，下降幅度大于城镇和农村内部基尼系数下降幅度，说明所有间接税从收入效应上整体呈累进性。

5.1.5.2 间接税整体调节居民收入分配的消费效应

在间接税整体税率为 0，也就是不征收间接税整体的情况下，会使各类商品及劳务价格下降。根据 CGE 模型进行测算结果表明，42 类商品及劳务平均价格下降幅度达到了 8.69%，其中石油、炼焦产品、核燃料加工品、批发和零售、房地产等行业价格下降较多，均超过了 18%，而煤炭采选产品、石油和天然气开采产品、食品和烟草、交通运输设备、电力及热力的生产和供应、水利、环境和公共设施管理、居民服务、修理和其他服务等这些行业的产品价格下降幅度超过 10%。而间接税整体的存在，则会使这些商品及劳务价格大幅上升，居民需要为各类支出支付更高的价格，真实收入相较实际收入会有所下降。由于城镇和农村不同收入组别居民消费结构不同，因此对居民收入分配会有所影响。

(1) 间接税整体调节城镇居民收入分配的消费效应。间接税整体对城镇居民收入支出端的影响如表 5-25 所示，真实收入 Y_r 相对于实际收入 Y_a 的下降幅度，从绝对值上来说随着不同组别收入水平的提高而增加，但从相对值来说，随着不同组别收入水平的提高而单调递减，各个组别居民收入都有较大幅度的下降，而且降低幅度较单一税种要大很多。其中最低收入户组居民收入降低 8.1761%，最高收入户组居民收入降低 6.1318%。从消费结构来看，如表 5-26 所示，征收间接税后，各个收入户组居民消费支出均有大幅增加，增幅均在 10.44% ~ 10.89% 之间，变动幅度不大。因此，征收间接税后，不同组别居民收入下降相对值单调递减的原因在于边际消费倾向递减。

表 5-25　间接税整体调节城镇居民收入分配的消费效应测算

收入组别	实际收入（Y_a）（万元）	真实收入（Y_r）（万元）	绝对变化（$Y_a - Y_r$）（万元）	相对变化 $\left(\dfrac{Y_a - Y_r}{Y_a}\right)$（%）
最低收入户（10%）	97 986 602.01	89 975 103.70	8 011 498.31	8.1761
较低收入户（10%）	151 785 820.67	141 478 328.87	10 307 491.80	6.7908
中等偏低户（20%）	200 595 225.61	187 135 196.68	13 460 028.93	6.7100
中等收入户（20%）	270 646 129.31	253 436 395.47	17 209 733.84	6.3588
中等偏上户（20%）	363 075 523.56	340 477 393.14	22 598 130.42	6.2241
较高收入户（10%）	490 072 899.91	459 697 820.00	30 375 079.91	6.1981
最高收入户（10%）	751 065 076.12	705 011 312.80	46 053 763.32	6.1318
加权平均	315 954 415.57	295 826 053.60	20 128 361.97	6.5883
基尼系数	0.343842	0.345775	-0.001933	

表 5-26　　　间接税整体对城镇居民消费支出影响测算

收入组别	税前消费（万元）	税后消费（万元）	绝对变化（万元）	相对变化（%）	边际消费倾向（%）
最低收入户（10%）	76 283 947.52	84 295 445.83	8 011 498.31	10.50	86.03
较低收入户（10%）	98 738 207.68	109 045 699.48	10 307 491.80	10.44	71.84
中等偏低户（20%）	127 995 197.34	141 455 226.27	13 460 028.93	10.52	70.52
中等收入户（20%）	163 831 356.86	181 041 090.70	17 209 733.84	10.50	66.89
中等偏上户（20%）	212 390 115.37	234 988 245.79	22 598 130.42	10.64	64.72
较高收入户（10%）	283 127 508.42	313 502 588.33	30 375 079.91	10.73	63.97
最高收入户（10%）	422 757 321.35	468 811 084.67	46 053 763.32	10.89	62.42

从城镇居民的收入分配差距来说，按实际收入测算的基尼系数为 0.343842，按真实收入测算的基尼系数为 0.345775，基尼系数上升 0.001933，说明税收具有累退性。因此，征收所有间接税后城镇居民收入支出端的收入差距相对扩大，这主要是边际消费倾向递减所造成的。

（2）间接税整体调节农村居民收入分配的消费效应。间接税整体对农村居民收入支出端的影响如表 5-27 所示，真实收入 Y_r 相对

于实际收入 Y_a 的降低幅度,从绝对值来看随着不同组别收入水平的提高而增加,但从相对值来说随着收入的提高而降低。从变动幅度来说,农村居民收入下降要大于城镇居民,平均下降为 8.9483%,高于城镇居民收入平均下降幅度 6.5883%。低收入户组收入下降最多,达到了 18.2589%,远远大于农村其他户组和城镇所有户组,是农村居民收入下降对少的高收入户组 5.3054% 的 3.44 倍,是城镇居民中收入下降最多的最低收入户组 8.1761% 的 2.23 倍。进一步分析发现,如表 5-28 所示,从消费结构上看,间接税对农村居民消费支出影响的相对变化幅度先降后升,但差距较小,对农村各个收入组别的消费支出影响差异不大。因此,间接税整体使得农村不同组别居民收入支出端变动差距的主要原因是居民间边际消费倾向存在较大差异。

表 5-27　间接税整体调节农村居民收入分配的消费效应测算

收入组别	实际收入（Y_a）（万元）	真实收入（Y_r）（万元）	绝对变化（Y_a-Y_r）（万元）	相对变化 $\left(\dfrac{Y_a-Y_r}{Y_a}\right)$（%）
低收入户（20%）	31 814 624.36	26 005 611.76	5 809 012.60	18.2589
中等偏低户（20%）	68 971 998.94	63 191 208.89	5 780 790.05	8.3814
中等收入户（20%）	102 020 511.05	95 037 179.09	6 983 331.96	6.8450
中等偏上户（20%）	147 426 447.46	138 656 293.24	8 770 154.22	5.9488
高收入户（20%）	274 655 862.85	260 078 647.20	14 577 215.65	5.3074
加权平均	124 977 888.93	116 593 788.04	8 384 100.90	8.9483
基尼系数	0.361112	0.372995	-0.011883	

表 5-28　　　　间接税整体对农村居民消费支出影响测算

收入组别	税前消费（万元）	税后消费（万元）	绝对变化（万元）	相对变化（%）	边际消费倾向（%）
低收入户(20%)	55 321 325.23	61 130 337.83	5 809 012.60	10.50	192.15
中等偏低户(20%)	58 063 178.57	63 843 968.62	5 780 790.05	9.96	92.57
中等收入户(20%)	69 847 119.26	76 830 451.22	6 983 331.96	10.00	75.31
中等偏上户(20%)	87 477 920.15	96 248 074.37	8 770 154.22	10.03	65.29
高收入户(20%)	139 598 403.90	154 175 619.55	14 577 215.65	10.44	56.13

从农村居民的收入分配差距来说，按实际收入测算的基尼系数为 0.361112，按真实收入测算的基尼系数为 0.372995，基尼系数提高了 0.011883，说明税收扩大了收入差距，具有累退性。征收间接税后使得农村居民支出端收入差距扩大的主要原因是边际消费倾向递减。

（3）间接税整体调节全国居民收入分配的消费效应。从消费效应来看，征收间接税整体使城镇和农村居民内部基尼系数都有所提高，扩大了各自的收入差距；同时，城镇居民收入平均下降幅度为 6.5883%，小于农村居民的 8.9483%，因此，城乡之间的收入差距也进一步扩大了。全国居民按实际收入测算的基尼系数为 0.419162，按真实收入测算的基尼系数为 0.422869，提高了 0.003707，说明从消费效应来说间接税整体具有累退性。

5.1.5.3 间接税整体调节居民收入分配的整体效应

所有间接税整体对居民收入分配既产生收入效应，又产生消费效应。

从收入效应来看，征收间接税使城镇居民基尼系数下降0.001446，使农村居民基尼系数下降0.000673，使全国居民整体基尼系数下降0.001816，在一定程度上降低了城乡内部以及全国整体的收入差距。

从消费效应来看，征收间接税使城镇居民基尼系数上升0.001933，使农村居民基尼系数上升0.011883，使全国居民整体基尼系数上升0.003707，在一定程度上拉大了城乡内部以及全国整体的收入差距。

从整体效应来看，征收间接税使城镇居民基尼系数上升0.000487，使农村居民基尼系数上升0.011210，使全国居民整体基尼系数上升0.001891。因此，从总体上说，间接税的征收，使城镇居民内部、农村居民内部及全国居民总体的收入差距都有所扩大，税收呈累退性。

5.2 基于CGE模型的直接税调节居民收入分配效应测算分析

直接税包括企业所得税和个人所得税，在税收中，一般认为直接税对收入分配的调节作用要大于间接税。作为收入分配主要调节工具的个人所得税在我国税收总收入中的比重较小，2012年不足6%，2018年增加到8.87%。而我国企业所得税税收收入占税收总收入的比重相对较大，2012年为19.53%，2017年增加到22.58%。

5.2.1 企业所得税调节居民收入分配效应测算分析

企业所得税是对企业资本要素的收益征收的一种税。对资本要素征税，必然会影响资本要素的价格，也会通过替代效应影响劳动要素的价格，进而影响资本所有者收入和劳动所有者收入，产生收入效应。资本要素和劳动要素价格变动会影响商品供给，资本所有者和劳动所有者收入的收入变动会影响商品需求，商品供求变动会使商品形成新的均衡价格，而商品价格变化会影响居民的实际购买力，产生消费效应。因此，像间接税一样，征收企业所得税对居民收入分配既会产生收入效应，也会产生消费效应，只是由于征收环节不同，其影响的传导途径有所差异。

5.2.1.1 企业所得税调节居民收入分配的收入效应

根据CGE模型进行测算，在企业所得税税率为0，也就是不征收企业所得税的情况下，会使要素价格上升，资本要素价格相对劳动要素价格会提高0.5476%。而征收企业所得税，不仅会使资本要素税前价格下降，还因负担9.87%的企业所得税而使税后收益进一步下降，从而对居民收入带来较大影响。由于城镇和农村不同收入组别居民劳动收入与资本收入结构不同，因此相应的影响有所差异。

（1）企业所得税调节城镇居民收入分配的收入效应。企业所得税对城镇居民收入分配的影响如表5-29所示，征税后实际收入Y_a相对于没有企业所得税的市场收入Y_m的下降幅度，从绝对值上来说随着不同组别收入水平的提高而增加，但从相对值来说先降后升，呈U形曲线。原因在于城镇居民中从最低收入户组到最高收入户组，其经营收入占总收入的比重是先降后升的。征收企业所得税后资本要素价格相对劳动要素价格降低0.5476%，还要负担9.87%的企业所得税，因此最低和最高收入户组收入降低幅度相对较大，而中间的其他收入户组收入降低幅度相对小一些。

表5-29 企业所得税调节城镇居民收入分配的收入效应测算

收入组别	市场收入（Y_m）（万元）	实际收入（Y_a）（万元）	绝对变化（$Y_m - Y_a$）（万元）	相对变化 $\left(\dfrac{Y_m - Y_a}{Y_a}\right)$（%）
最低收入户（10%）	98 845 693.80	97 986 602.01	859 091.78	0.8691
较低收入户（10%）	152 999 864.23	151 785 820.67	1 214 043.56	0.7935
中等偏低户（20%）	202 131 454.43	200 595 225.61	1 536 228.83	0.7600
中等收入户（20%）	272 517 072.88	270 646 129.31	1 870 943.58	0.6865
中等偏上户（20%）	365 708 471.90	363 075 523.56	2 632 948.34	0.7200
较高收入户（10%）	494 110 024.08	490 072 899.91	4 037 124.17	0.8170
最高收入户（10%）	762 144 143.61	751 065 076.12	11 079 067.49	1.4537
加权平均	318 881 372.42	315 954 415.57	2 926 956.85	0.8266
基尼系数	0.344992	0.343843	0.001149	

从城镇居民的收入分配差距来说，按市场收入测算的基尼系数为0.344992，按实际收入测算的基尼系数为0.343843，基尼系数相对下降0.001149，累进性指数P为0.010491，呈累进性。因此，征收企业所得税后使得城镇居民来源端的收入差距相对缩小，这是因为最高收入户组居民的收入下降高达1.4537%，远高于其他户组居民，相对平抑了收入差距。

（2）企业所得税调节农村居民收入分配的收入效应。企业所得税对农村居民收入分配的影响如表5-30所示，整体上与城镇居民类似，实际收入Y_a相对于市场收入Y_m的下降幅度，从绝对值来看随着不同组别收入水平的提高而增加，但从相对值来说先降后升，呈U形曲线。不过由于资本收入占比较低，农村居民收入平均下降幅度仅为城镇居民的33.43%。

表 5-30　企业所得税调节农村居民收入分配的收入效应测算

收入组别	市场收入（Y_m）（万元）	实际收入（Y_a）（万元）	绝对变化（$Y_m - Y_a$）（万元）	相对变化 $\left(\dfrac{Y_m - Y_a}{Y_a}\right)$（%）
低收入户（20%）	31 894 735.47	31 814 624.36	80 111.11	0.2512
中等偏低户（20%）	69 100 906.38	68 971 998.94	128 907.44	0.1865
中等收入户（20%）	102 238 194.37	102 020 511.05	217 683.32	0.2129
中等偏上户（20%）	147 786 263.40	147 426 447.46	359 815.94	0.2435
高收入户（20%）	276 001 638.31	274 655 862.85	1 345 775.45	0.4876
加权平均	125 404 347.59	124 977 888.93	426 458.65	0.2763
基尼系数	0.361646	0.361112	0.000534	

从农村居民的收入分配差距来说，按市场收入测算的基尼系数为 0.361646，按实际收入测算的基尼系数为 0.361112，基尼系数相对下降 0.000534，下降幅度不到城镇居民的一半，累进性指数 P 为 0.004875。因此，征收企业所得税后使得农村居民收入来源端的收入差距也略有缩小。

（3）企业所得税调节全国居民收入分配的收入效应。从收入效应来看，征收企业所得税使城镇和农村居民内部基尼系数都有所降低，缩小了收入差距；同时，城镇居民收入平均下降幅度几乎是农村居民的 3 倍，因此，也缩小了城乡之间的收入差距。征收企业所得税前全国居民按市场收入测算的基尼系数为 0.420605，征收企业所得税后按实际收入测算的基尼系数为 0.419162，下降 0.001443，下降幅度大于城镇和农村内部基尼系数下降幅度，累进性指数 P 为 0.013167。

5.2.1.2 企业所得税调节居民收入分配的消费效应

在企业所得税税率为0，也就是不征收企业所得税的情况下，会使各类商品及劳务的成本下降，从而增加供给；同时也会使居民的可支配收入提高，从而增加需求，供需共同决定了商品及劳务的价格。根据CGE模型进行测算结果表明，在企业所得税税率为0时，42类商品及劳务价格均出现了上涨的情况，但上涨幅度较小，平均仅为0.26%，并且行业间差异不大，变化幅度均在0.10% ~ 0.42%之间。而征收企业所得税的情况下，则会因居民购买力下降而使商品及劳务价格下降，居民的各类支出也会降低，从而使真实收入相较实际收入会有所上升。这是企业所得税与间接税的不同之处，所有间接税的征收都会导致商品价格上涨，居民真实收入下降。

（1）企业所得税调节城镇居民收入分配的消费效应。企业所得税对城镇居民收入支出端的影响如表5-31所示，由于征收企业所得税后商品价格普遍下降，导致真实收入Y_r相对于实际收入Y_a有所上升，上升幅度从绝对值上来说随着不同组别收入水平的提高而增加，但从相对值来说，随着不同组别收入水平的提高而先降后升。从消费结构来说，因商品价格下降导致的支出下降幅度，随着不同组别居民收入的上升而略有增加，但差异不大，从最低收入户组居民的0.23%到最高收入户组居民的0.25%。而各收入组别居民的边际消费倾向却从最低收入户的75.64%降低到最高收入户的51.79%，随着收入的提高而单调递减，变化幅度也较大。因此，边际消费倾向差异导致了最低收入户组居民真实收入较实际收入增加幅度最大，而其他户组居民增加幅度较小；而消费结构导致了较高收入户组和最高收入户组居民收入变动相对幅度较中等偏上户组居民有所上升。

表 5-31　企业所得税调节城镇居民收入分配的消费效应测算

收入组别	实际收入（Y_a）（万元）	真实收入（Y_r）（万元）	绝对变化（$Y_a - Y_r$）（万元）	相对变化 $\left(\dfrac{Y_a - Y_r}{Y_a}\right)$（%）
最低收入户（10%）	97 986 602.01	98 183 444.64	-196 842.63	-0.2009
较低收入户（10%）	151 785 820.67	152 041 501.23	-255 680.56	-0.1684
中等偏低户（20%）	200 595 225.61	200 931 655.38	-336 429.77	-0.1677
中等收入户（20%）	270 646 129.31	271 080 696.71	-434 567.40	-0.1606
中等偏上户（20%）	363 075 523.56	363 651 406.10	-575 882.54	-0.1586
较高收入户（10%）	490 072 899.91	490 854 323.44	-781 423.52	-0.1595
最高收入户（10%）	751 065 076.12	752 268 405.44	-1 203 329.32	-0.1602
加权平均	315 954 415.57	316 467 519.11	-513 103.55	-0.1663
基尼系数	0.343842	0.343812	0.000030	

从城镇居民的收入分配差距来说，按实际收入测算的基尼系数为 0.343842，按真实收入测算的基尼系数为 0.343812，基尼系数略微下降 0.000030，累进性指数 P 为 0.000273。因此，征收企业所得税后使得城镇居民收入支出端的收入差距相对缩小。这是因为边际消费倾向递减导致最低收入户组居民真实收入相对实际收入增长较多，缩小了城镇居民间的收入差距。

（2）企业所得税调节农村居民收入分配的消费效应。企业所得税对农村居民收入支出端的影响如表 5-32 所示，真实收入 Y_r 相对于实际收入 Y_a 的降低幅度，从绝对值来看随着不同组别收入水平的提高而增加，但从相对值来说随着收入的提高而降低。从消费结构来看，各收入组别之间消费支出变化幅度大体相当，均在 0.23% 左右。因此边际消费倾向递减会导致农村居民真实收入较实际收入上涨相对幅度随收入增加而单调递减。

表 5-32　企业所得税调节农村居民收入分配的消费效应测算

收入组别	实际收入（Y_a）（万元）	真实收入（Y_r）（万元）	绝对变化（$Y_a - Y_r$）（万元）	相对变化 $\left(\dfrac{Y_a - Y_r}{Y_a}\right)$（%）
低收入户（20%）	31 814 624.36	31 956 718.49	-142 094.13	-0.4466
中等偏低户（20%）	68 971 998.94	69 112 866.48	-140 867.54	-0.2042
中等收入户（20%）	102 020 511.05	102 191 793.51	-171 282.46	-0.1679
中等偏上户（20%）	147 426 447.46	147 642 300.66	-215 853.20	-0.1464
高收入户（20%）	274 655 862.85	275 019 908.06	-364 045.21	-0.1325
加权平均	124 977 888.93	125 184 717.44	-206 828.51	-0.2195
基尼系数	0.361112	0.360846	0.000266	

从农村居民的收入分配差距来说，按实际收入测算的基尼系数为 0.361112，按真实收入测算的基尼系数为 0.360846，基尼系数降低了 0.000266，累进性指数 P 为 0.002419。因此，由于随着收入提高边际消费倾向递减，征收企业所得税后使低收入群体真实收入上升较大，使高收入群体真实收入上升较小，征收企业所得税后导致农村居民收入支出端的收入差距相对缩小，而且缩小幅度远远高于城镇居民水平。

（3）企业所得税调节全国居民收入分配的消费效应。从消费效应来看，征收企业所得税使城镇和农村居民内部基尼系数都有所降低，缩小了各自的收入差距；同时，城镇居民收入平均上升幅度为 0.1663%，小于农村居民的 0.2195%，因此，城乡之间的收入差距也进一步缩小了。全国居民按实际收入测算的基尼系数为 0.419162，按真实收入测算的基尼系数为 0.419093，下降了 0.000069，累进性指数 P 为 0.000629，税收呈累进性。

5.2.1.3 企业所得税调节居民收入分配的整体效应

征收企业所得税对居民收入分配既产生收入效应，又产生消费效应。

从收入效应来看，征收企业所得税使城镇居民基尼系数下降0.001149，使农村居民基尼系数下降0.000534，使全国居民整体基尼系数下降0.001443，在一定程度上降低了城乡内部以及全国整体的收入差距。

从消费效应来看，征收企业所得税使城镇居民基尼系数下降0.000030，使农村居民基尼系数下降0.000265，使全国居民整体基尼系数下降0.000069，在一定程度上缩小了城乡内部以及全国整体的收入差距。

从整体效应来看，征收企业所得税使城镇居民基尼系数上升0.001179，使农村居民基尼系数上升0.000799，使全国居民整体基尼系数上升0.001511。因此，从总体上说，企业所得税的征收，使城镇居民内部、农村居民内部及全国居民总体的收入差距都有所下降，累进性指数 P 为 0.013796，税收呈累进性。

5.2.2 个人所得税调节居民收入分配效应测算分析

个人所得税是对个人的所得额征收的一种税。对个人收入征收，会降低个人实际收入，产生收入效应。个人收入降低会减少劳动及资本要素供给数量，可能提高劳动及资本要素的价格，进而影响商品供给，个人收入降低还会影响商品需求。商品供求变动会使商品形成新的均衡价格，而商品价格变化会影响居民的实际购买力，产生消费效应。

5.2.2.1 个人所得税调节居民收入分配的收入效应

根据CGE模型进行测算，在个人所得税税率为0，也就是不征收个人所得税的情况下，会使要素价格上升，资本要素价格相对劳动要素价格会提高 1.0130%。由于城镇和农村不同收入组别居民劳动收入与资本收入结构不同,因此相应的影响有所差异。

(1) 个人所得税调节城镇居民收入分配的收入效应。个人所得税对城镇居民收入分配的影响如表 5-33 所示,征税后实际收入 Y_a 相对于没有个人所得税的市场收入 Y_m 的下降幅度,从绝对值上来说随着不同组别收入水平的提高而增加,但从相对值来说,随着不同组别收入水平的提高而先降后升,呈 U 形曲线。这一方面是因为城镇居民中从最低收入户组到最高收入户组,其经营收入占总收入的比重是先降后升的;另一方面是因为征收个人所得税后,高收入户组居民实际收入会受到较大影响。

表 5-33　个人所得税调节城镇居民收入分配的收入效应测算

收入组别	市场收入（Y_m）（万元）	实际收入（Y_a）（万元）	绝对变化（$Y_m - Y_a$）（万元）	相对变化 $\left(\dfrac{Y_m - Y_a}{Y_a}\right)$ (%)
最低收入户（10%）	98 083 753.20	97 986 602.01	97 151.19	0.0990
较低收入户（10%）	151 923 111.91	151 785 820.67	137 291.24	0.0904
中等偏低户（20%）	200 768 951.46	200 595 225.61	173 725.86	0.0865
中等收入户（20%）	270 857 706.69	270 646 129.31	211 577.39	0.0781
中等偏上户（20%）	363 373 272.96	363 075 523.56	297 749.40	0.0819
较高收入户（10%）	490 529 441.84	490 072 899.91	456 541.92	0.0931
最高收入户（10%）	752 317 962.72	751 065 076.12	1 252 886.60	0.1665
加权平均	316 285 413.19	315 954 415.57	330 997.62	0.0942
基尼系数	0.343973	0.343842	0.000131	

从城镇居民的收入分配差距来说,按市场收入测算的基尼系数为 0.343973,按实际收入测算的基尼系数为 0.343842,基尼系数相对

下降 0.000131，累进性指数 P 为 0.006152。因此，征收个人所得税后使得城镇居民收入来源端的收入差距相对略有缩小。这是因为征收个税后高收入户组居民资本收入降低较多，并且承担了更多的个人所得税。

（2）个人所得税调节农村居民收入分配的收入效应。个人所得税对农村居民收入分配的影响如表 5-34 所示，整体上与城镇居民类似，实际收入 Y_a 相对于市场收入 Y_m 的降低幅度，从绝对值来看随着不同组别收入水平的提高而增加，但从相对值来说先降后升，呈 U 形曲线。由于经营收入占总收入的比重较低，农村居民整体收入降低幅度较小，平均为 0.0313%，仅为城镇居民的 33.23%。

表 5-34　个人所得税调节农村居民收入分配的收入效应测算

收入组别	市场收入（Y_m）（万元）	实际收入（Y_a）（万元）	绝对变化（$Y_m - Y_a$）（万元）	相对变化 $\left(\dfrac{Y_m - Y_a}{Y_a}\right)$（%）
低收入户（20%）	31 823 683.80	31 814 624.36	9 059.44	0.0285
中等偏低户（20%）	68 986 576.56	68 971 998.94	14 577.62	0.0211
中等收入户（20%）	102 045 127.97	102 020 511.05	24 616.92	0.0241
中等偏上户（20%）	147 467 137.58	147 426 447.46	40 690.12	0.0276
高收入户（20%）	274 808 051.11	274 655 862.85	152 188.26	0.0554
加权平均	125 026 115.40	124 977 888.93	48 226.47	0.0313
基尼系数	0.361172	0.361112	0.000060	

从农村居民的收入分配差距来说，按市场收入测算的基尼系数为 0.361172，按实际收入测算的基尼系数为 0.361112，基尼系数相对下降 0.000060，下降幅度较城镇居民略低，累进性指数 P 为 0.002842。因此，征收个人所得税后使得农村居民收入来源端的收入

差距也略有缩小。

（3）个人所得税调节全国居民收入分配的收入效应。从收入效应来看，征收个人所得税使城镇和农村居民内部基尼系数都有所降低，缩小了收入差距；同时，城镇居民收入平均下降幅度为0.0942%，远大于农村居民的下降幅度，因此，也缩小了城乡之间的收入差距。征收个人所得税前全国居民按市场收入测算的基尼系数为0.419327，征收个人所得税后按实际收入测算的基尼系数为0.419162，下降0.000165，下降幅度大于城镇和农村内部基尼系数下降幅度，累进性指数P为0.007712。

5.2.2.2 个人所得税调节居民收入分配的消费效应

在个人所得税税率为0，也就是不征收个人所得税的情况下，会使各类商品及劳务的成本下降，从而增加供给；同时也会使居民的可支配收入提高，从而增加需求，供需共同决定了商品及劳务的价格。根据CGE模型进行测算结果表明，在个人所得税税率为0时，42类商品及劳务价格均出现了上涨的情况，但上涨幅度较小，平均仅为0.62%，并且行业间差异不大，变化幅度均在1%以内。而征收个人所得税的情况下，则会因居民购买力下降而使商品及劳务价格下降，居民的各类支出也会降低，从而使真实收入相较实际收入会有所上升。这是个人所得税与间接税的不同之处，所有间接税的征收都会导致商品价格上涨，居民真实收入下降。

（1）个人所得税调节城镇居民收入分配的消费效应。个人所得税对城镇居民收入支出端的影响如表5-35所示，真实收入Y_r相对于实际收入Y_a的上升幅度，从绝对值上来说随着不同组别收入水平的提高而增加，但从相对值来说，随着不同组别收入水平的提高而先降后升。从消费结构上来说，随着征收个税后各类商品价格下降，各收入户组居民支出降低的相对幅度随着收入上升而略有增加，但变化幅度不大，仅从最低收入户组的0.0055%上升到最高收入户组的0.0061%。边际消费倾向对居民收入变化影响相对更大一些，因此低收入户组的真实收入增加相对幅度会较高收入户组大一些。

表 5-35　个人所得税调节城镇居民收入分配的消费效应测算

收入组别	实际收入（Y_a）（万元）	真实收入（Y_r）（万元）	绝对变化（$Y_a - Y_r$）（万元）	相对变化 $\left(\dfrac{Y_a - Y_r}{Y_a}\right)$（％）
最低收入户（10％）	97 986 602.01	98 455 964.17	-469 362.16	-0.4790
较低收入户（10％）	151 785 820.67	152 395 478.10	-609 657.43	-0.4017
中等偏低户（20％）	200 595 225.61	201 397 436.13	-802 210.53	-0.3999
中等收入户（20％）	270 646 129.31	271 682 353.94	-1 036 224.63	-0.3829
中等偏上户（20％）	363 075 523.56	364 448 743.76	-1 373 220.20	-0.3782
较高收入户（10％）	490 072 899.91	491 936 274.10	-1 863 374.19	-0.3802
最高收入户（10％）	751 065 076.12	753 934 603.29	-2 869 527.17	-0.3821
加权平均	315 954 415.57	317 177 938.73	-1 223 523.17	-0.3965
基尼系数	0.343842	0.343771	0.000071	

从城镇居民的收入分配差距来说，按实际收入测算的基尼系数为 0.343842，按真实收入测算的基尼系数为 0.343771，基尼系数下降 0.000071，累进性指数 P 为 0.003334。因此，征收个人所得税后使得城镇居民收入支出端的收入差距相对缩小。这是因为征收个税后各类商品价格下降，导致居民消费支出下降，真实收入上升，边际消费倾向递减规律使得低收入居民受此影响更大一些，真实收入相对上升幅度也更大，最终降低了收入差距。

（2）个人所得税调节农村居民收入分配的消费效应。个人所得税对农村居民收入支出端的影响如表 5-36 所示，整体上与城镇居民类似，真实收入 Y_r 相对于实际收入 Y_a 的降低幅度，从绝对值来看随着不同组别收入水平的提高而增加，但从相对值来说随着收入的提高而降低。从消费结构来说，征收个税后商品价格下降导致农村居民支出的下降幅度随着收入上升而先降后升，低收入户组和高收入户组支出下降0.0055%左右,而其他收入户组支出下降在0.0023左右。而低收入户组居民边际消费倾向远远高于其他户组居民,导致低收入户组居民真实收入上升的相对幅度远高于其他户组。

表5-36　个人所得税调节农村居民收入分配的消费效应测算

收入组别	实际收入（Y_a）（万元）	真实收入（Y_r）（万元）	绝对变化（$Y_a - Y_r$）（万元）	相对变化 $\left(\dfrac{Y_a - Y_r}{Y_a}\right)$（%）
低收入户（20%）	31 814 624.36	32 153 447.30	-338 822.95	-1.0650
中等偏低户（20%）	68 971 998.94	69 307 877.08	-335 878.14	-0.4870
中等收入户（20%）	102 020 511.05	102 428 913.41	-408 402.36	-0.4003
中等偏上户（20%）	147 426 447.46	147 941 127.28	-514 679.82	-0.3491
高收入户（20%）	274 655 862.85	275 523 938.57	-868 075.72	-0.3161
加权平均	124 977 888.93	125 471 060.73	-493 171.80	-0.5235
基尼系数	0.361112	0.360481	0.000631	

从农村居民的收入分配差距来说,按实际收入测算的基尼系数为0.361112,按真实收入测算的基尼系数为0.360481,基尼系数降低了0.000631,累进性指数P为0.029581。因此,由于随着收入提高边际消费倾向递减,征收个人所得税对低收入群体影响较大,对高收入群体影响相对较小,征收个人所得税后导致农村居民收入支出端的收入差距相对降低,而且降低幅度远高于城镇水平。

(3) 个人所得税调节全国居民收入分配的消费效应。从消费效应来看,征收个人所得税使城镇和农村居民内部基尼系数都有所降低,缩小了各自的收入差距;同时,城镇居民收入平均上升幅度为0.3965%,小于农村居民的0.5235%,因此,城乡之间的收入差距也进一步缩小了。全国居民按实际收入测算的基尼系数为0.419162,

按真实收入测算的基尼系数为 0.418998，降低了 0.000164，累进性指数 P 为 0.007688。

5.2.2.3 个人所得税调节居民收入分配的整体效应

征收个人所得税对居民收入分配既产生收入效应，又产生消费效应。

从收入效应来看，征收个人所得税使城镇居民基尼系数下降 0.000131，使农村居民基尼系数下降 0.000061，使全国居民整体基尼系数下降 0.000164，在一定程度上降低了城乡内部以及全国整体的收入差距。

从消费效应来看，征收个人所得税使城镇居民基尼系数降低 0.000071，使农村居民基尼系数降低 0.000630，使全国居民整体基尼系数降低 0.000164，在一定程度上缩小了城乡内部以及全国整体的收入差距。

从整体效应来看，征收个人所得税使城镇居民基尼系数降低 0.000202，使农村居民基尼系数降低 0.000691，使全国居民整体基尼系数降低 0.000328，累进性指数 P 为 0.015400。因此，从总体上说，个人所得税的征收，使城镇居民内部、农村居民内部及全国居民总体的收入差距都有所下降，税收呈累进性。

5.2.3 直接税整体调节居民收入分配效应测算分析

直接税包括企业所得税和个人所得税，这两个税种无论收入效应还是消费效应，对城镇、农村及全国居民的收入分配均具有累进性，降低了收入分配差距。那么直接税整体对居民收入分配有何影响？影响程度如何？下面进行深入分析。

5.2.3.1 直接税整体调节居民收入分配的收入效应

根据 CGE 模型进行测算，在企业所得税和个人所得税税率为 0，也就是不征收直接税的情况下，会使要素价格上升，资本要素价格相对劳动要素价格会提高 1.8621%。由于不征收企业所得税和个人所得税,因此以可支配收入口径计算的市场收入有较大幅度的增加。

(1) 直接税整体调节城镇居民收入分配的收入效应。直接税整体对城镇居民收入分配的影响如表 5-37 所示,征税后实际收入 Y_a 相对于没有企业所得税和个人所得税的市场收入 Y_m 的下降幅度,从绝对值上来说随着不同组别收入水平的提高而增加,但从相对值来说,随着不同组别收入水平的提高而先降后升,呈 U 形曲线。值得注意的是,最高收入户组居民的实际收入较市场收入下降了 8.5779% 之多。这一方面是因为城镇居民中从最低收入户组到最高收入户组,其经营收入占总收入的比重是先降后升的;另一方面是因为征收个人所得税后,高收入户组居民实际收入受到的影响最大。

表 5-37　直接税整体调节城镇居民收入分配的收入效应测算

收入组别	市场收入 (Y_m)（万元）	实际收入 (Y_a)（万元）	绝对变化 ($Y_m - Y_a$)（万元）	相对变化 $\left(\dfrac{Y_m - Y_a}{Y_a}\right)$（%）
最低收入户 (10%)	98 954 061.42	97 986 602.01	967 459.41	0.9777
较低收入户 (10%)	153 153 006.22	151 785 820.67	1 367 185.54	0.8927
中等偏低户 (20%)	202 325 237.54	200 595 225.61	1 730 011.93	0.8551
中等收入户 (20%)	272 753 077.60	270 646 129.31	2 106 948.29	0.7725
中等偏上户 (20%)	366 040 597.48	363 075 523.56	2 965 073.93	0.8100
较高收入户 (10%)	494 722 210.11	490 072 899.91	4 649 310.19	0.9398
最高收入户 (10%)	821 535 328.12	751 065 076.12	70 470 252.00	8.5779
加权平均	325 060 243.11	315 954 415.57	9 105 827.54	1.6263
基尼系数	0.357468	0.343842	0.013626	

从城镇居民的收入分配差距来说,按市场收入测算的基尼系数为

0.357468，按实际收入测算的基尼系数为 0.343842，基尼系数相对下降 0.013626。因此，征收企业所得税和个人所得税后使得城镇居民收入来源端的收入差距相对略有缩小。这是因为征收直接税后高收入户组居民资本收入降低较多，并且承担了更多的企业所得税和个人所得税。

（2）直接税整体调节农村居民收入分配的收入效应。直接税对农村居民收入分配的影响如表 5-38 所示，整体上与城镇居民类似，实际收入 Y_a 相对于市场收入 Y_m 的降低幅度，从绝对值来看随着不同组别收入水平的提高而增加，但从相对值来说先降后升，呈 U 形曲线。由于经营收入占总收入的比重较低，直接税负担较少，农村居民整体收入降低幅度较小，平均为 0.3187%，仅为城镇居民的 19.60%。

表 5-38　直接税整体调节农村居民收入分配的收入效应测算

收入组别	市场收入（Y_m）（万元）	实际收入（Y_a）（万元）	绝对变化（$Y_m - Y_a$）（万元）	相对变化 $\left(\dfrac{Y_m - Y_a}{Y_a}\right)$（%）
低收入户（20%）	31 904 840.85	31 814 624.36	90 216.49	0.2828
中等偏低户（20%）	69 117 167.04	68 971 998.94	145 168.09	0.2100
中等收入户（20%）	102 265 653.40	102 020 511.05	245 142.35	0.2397
中等偏上户（20%）	147 831 651.33	147 426 447.46	405 203.87	0.2741
高收入户（20%）	276 277 614.56	274 655 862.85	1 621 751.71	0.5870
加权平均	125 479 385.44	124 977 888.93	501 496.50	0.3187
基尼系数	0.361787	0.361112	0.000675	

从农村居民的收入分配差距来说，按市场收入测算的基尼系数为 0.361787，按实际收入测算的基尼系数为 0.361112，基尼系数相对

下降0.000675，下降幅度远低于城镇居民。因此，征收直接税后使得农村居民收入来源端的收入差距也略有缩小，程度上小于城镇居民。

（3）直接税整体调节全国居民收入分配的收入效应。从收入效应来看，征收直接税使城镇和农村居民内部基尼系数都有所降低，缩小了收入差距；同时，城镇居民收入平均下降幅度为1.6263%，远大于农村居民的下降幅度，因此，也缩小了城乡之间的收入差距。征收直接税前全国居民按市场收入测算的基尼系数为0.430266，征收直接税后按实际收入测算的基尼系数为0.419162，下降0.011104，下降幅度大于农村内部基尼系数下降幅度，但小于城镇居民内部基尼系数下降幅度。

5.2.3.2 直接税整体调节居民收入分配的消费效应

在直接税税率为0，也就是不征收直接税的情况下，会使各类商品及劳务的成本下降，从而增加供给；同时也会使居民的可支配收入提高，从而增加需求，供需共同决定了商品及劳务的价格。根据CGE模型进行测算结果表明，在直接税税率为0时，42类商品及劳务价格均出现了上涨的情况，但上涨幅度较小，平均仅为0.88%，科学研究和技术服务上涨最多，为1.42%，农林牧渔产品和服务上涨最少，为0.34%。而征收直接税的情况下，则会因居民购买力下降而使商品及劳务价格下降，居民的各类支出也会降低，从而使真实收入相较实际收入会有所上升。这是直接税与间接税的不同之处，所有间接税的征收都会导致商品价格上涨，居民真实收入下降。

（1）直接税整体调节城镇居民收入分配的消费效应。直接税对城镇居民收入支出端的影响如表5-39所示，真实收入Y_r相对于实际收入Y_a的上升幅度，从绝对值上来说随着不同组别收入水平的提高而增加，但从相对值来说，随着不同组别收入水平的提高而先降后升。从消费结构上来说，随着征收企业所得税和个人所得税后各类商品价格下降，各收入户组居民支出降低的相对幅度随着收入上升而略有增加，但变化幅度不大，仅从最低收入户组的0.0079%上升到最高收入户组的 0.0086%。边际消费倾向对居民收入变化影响相对更大一些,因此低收入户组的真实收入增加相对幅度会较高收入户组大一些。

表 5-39　直接税整体调节城镇居民收入分配的消费效应测算

收入组别	实际收入（Y_a）（万元）	真实收入（Y_r）（万元）	绝对变化（$Y_a - Y_r$）（万元）	相对变化 $\left(\dfrac{Y_a - Y_r}{Y_a}\right)$（%）
最低收入户（10%）	97 986 602.01	98 654 387.38	-667 785.37	-0.6815
较低收入户（10%）	151 785 820.67	152 653 206.91	-867 386.24	-0.5715
中等偏低户（20%）	200 595 225.61	201 736 566.86	-1 141 341.25	-0.5690
中等收入户（20%）	270 646 129.31	272 120 410.52	-1 474 281.22	-0.5447
中等偏上户（20%）	363 075 523.56	365 029 270.60	-1 953 747.04	-0.5381
较高收入户（10%）	490 072 899.91	492 724 019.16	-2 651 119.25	-0.5410
最高收入户（10%）	751 065 076.12	755 147 716.53	-4 082 640.41	-0.5436
加权平均	315 954 415.57	317 695 182.59	-1 740 767.03	-0.5641
基尼系数	0.343842	0.343741	0.000101	

从城镇居民的收入分配差距来说,按实际收入测算的基尼系数为 0.343842,按真实收入测算的基尼系数为 0.343741,基尼系数下降 0.000101。因此,征收直接税后使得城镇居民收入支出端的收入差距相对缩小。这是因为征收个税后各类商品价格下降,导致居民消费支出下降,真实收入上升,边际消费倾向递减规律使得低收入居民受此影响更大一些,真实收入相对上升幅度也更大,最终降低了收入差距。

(2) 直接税整体调节农村居民收入分配的消费效应。直接税对农村居民收入支出端的影响如表 5-40 所示,整体上与城镇居民类似，真实收入 Y_r 相对于实际收入 Y_a 的降低幅度，从绝对值来看随着不同组别收入水平的提高而增加，但从相对值来说随着收入的提高而降低。从消费结构来说，征收个税后商品价格下降导致农村居民支出的下降幅度随着收入上升而先降后升，低收入户组和高收入户组支出下降 0.0078% 左右，而其他收入户组支出下降在 0.0075 左右。而低收入户组居民边际消费倾向远远高于其他户组居民，导致低收入户组居民真实收入上升的相对幅度远高于其他户组。

表5-40 直接税整体调节农村居民收入分配的消费效应测算

收入组别	实际收入（Y_a）（万元）	真实收入（Y_r）（万元）	绝对变化（$Y_a - Y_r$）（万元）	相对变化 $\left(\dfrac{Y_a - Y_r}{Y_a}\right)$（%）
低收入户（20%）	31 814 624.36	32 296 701.39	-482 077.03	-1.5153
中等偏低户（20%）	68 971 998.94	69 449 878.85	-477 879.91	-0.6929
中等收入户（20%）	102 020 511.05	102 601 576.70	-581 065.64	-0.5696
中等偏上户（20%）	147 426 447.46	148 158 722.47	-732 275.01	-0.4967
高收入户（20%）	274 655 862.85	275 890 951.62	-1 235 088.77	-0.4497
加权平均	124 977 888.93	125 679 566.21	-701 677.27	-0.7448
基尼系数	0.361112	0.360216	0.000896	

从农村居民的收入分配差距来说，按实际收入测算的基尼系数为 0.361112，按真实收入测算的基尼系数为 0.360216，基尼系数降低了 0.000896。因此，由于随着收入提高边际消费倾向递减，征收直接税对低收入群体影响较大，对高收入群体影响相对较小，征收直接税后导致农村居民收入支出端的收入差距相对降低，而且降低幅度远高于城镇水平。

（3）直接税整体调节全国居民收入分配的消费效应。从消费效应来看，征收直接税使城镇和农村居民内部基尼系数都有所降低，缩小了各自的收入差距；同时，城镇居民收入平均上升幅度为 0.5641%，小于农村居民的 0.7448%，因此，城乡之间的收入差距也进一步缩小了。全国居民按实际收入测算的基尼系数为 0.419162，按真实收入测算的基尼系数为 0.418929，降低了 0.000233。

5.2.3.3 直接税整体调节居民收入分配的整体效应

征收直接税对居民收入分配既产生收入效应，又产生消费效应。

从收入效应来看，征收直接税使城镇居民基尼系数下降 0.013626，使农村居民基尼系数下降 0.000675，使全国居民整体基尼系数下降 0.011103，在一定程度上降低了城乡内部以及全国整体的收入差距。

从消费效应来看，征收直接税使城镇居民基尼系数降低 0.000101，使农村居民基尼系数降低 0.000896，使全国居民整体基尼系数降低 0.000233，在一定程度上缩小了城乡内部以及全国整体的收入差距。

从整体效应来看，征收直接税使城镇居民基尼系数降低 0.013727，使农村居民基尼系数降低 0.001571，使全国居民整体基尼系数降低 0.011336。因此，从总体上说，直接税的征收，使城镇居民内部、农村居民内部及全国居民总体的收入差距都有所下降，税收呈累进性。

5.3 基于CGE模型的税收整体调节居民收入分配效应测算分析

前文分析了增值税、消费税、营业税、其他间接税以及间接税整体对居民收入分配的影响，又分析了企业所得税、个人所得税以及直接税整体对居民收入分配的影响，下面分析包含所有税种的税收整体对居民收入分配的影响。

5.3.1 税收整体调节居民收入分配的收入效应

根据 CGE 模型进行测算，在所有税种税率都为 0，也就是不存在税收的情况下，会使要素价格上升，资本要素价格相对劳动要素价格会提高 16.9554%。由于不征收企业所得税和个人所得税，因此以可支配收入口径计算的市场收入有较大幅度的增加。

5.3.1.1 税收整体调节城镇居民收入分配的收入效应

税收整体对城镇居民收入分配的影响如表 5-41 所示，征税后实际收入 Y_a 相对于没有企业所得税和个人所得税的市场收入 Y_m 的下降幅度，从绝对值上来说随着不同组别收入水平的提高而增加，但从相对值来说，随着不同组别收入水平的提高而先降后升，呈 U 形曲线。值得注意的是，最高收入户组居民的实际收入较市场收入下降了 10.3293% 之多。这一方面是因为城镇居民中从最低收入户组到最高收入户组，其经营收入占总收入的比重是先降后升的；另一方面是因为征收企业所得税和个人所得税后，高收入户组居民实际收入会受到的影响最大。

表 5-41　税收整体调节城镇居民收入分配的收入效应测算

收入组别	市场收入（Y_m）（万元）	实际收入（Y_a）（万元）	绝对变化（$Y_m - Y_a$）（万元）	相对变化 $\left(\dfrac{Y_m - Y_a}{Y_a}\right)$（%）
最低收入户（10%）	100 198 301.38	97 986 602.01	2 211 699.37	2.2073
较低收入户（10%）	154 911 330.00	151 785 820.67	3 125 509.33	2.0176

续表

收入组别	市场收入（Y_m）（万元）	实际收入（Y_a）（万元）	绝对变化（Y_m - Y_a）（万元）	相对变化 $\left(\frac{Y_m - Y_a}{Y_a}\right)$（%）
中等偏低户（20%）	204 550 188.75	200 595 225.61	3 954 963.14	1.9335
中等收入户（20%）	275 462 802.93	270 646 129.31	4 816 673.63	1.7486
中等偏上户（20%）	369 853 949.69	363 075 523.56	6 778 426.14	1.8327
较高收入户（10%）	500 569 258.50	490 072 899.91	10 496 358.58	2.0969
最高收入户（10%）	837 581 365.11	751 065 076.12	86 516 288.99	10.3293
加权平均	329 299 413.77	315 954 415.57	13 344 998.21	2.7681
基尼系数	0.358881	0.343842	0.015039	

从城镇居民的收入分配差距来说，按市场收入测算的基尼系数为 0.358881，按实际收入测算的基尼系数为 0.343842，基尼系数相对下降 0.015039。因此，征收所有税种后使得城镇居民收入来源端的收入差距相对略有缩小。这是因为征收税收后高收入户组居民资本收入降低较多，并且承担了更多的企业所得税和个人所得税。

5.3.1.2 税收整体调节农村居民收入分配的收入效应

税收整体对农村居民收入分配的影响如表 5-42 所示，整体上与城镇居民类似，实际收入 Y_a 相对于市场收入 Y_m 的降低幅度，从绝对值来看随着不同组别收入水平的提高而增加，但从相对值来说先降后升，呈 U 形曲线。由于经营收入占总收入的比重较低，企业所得税和个人所得税负担较少，农村居民整体收入降低幅度较小，平均为 0.7154%，仅为城镇居民的 25.84%。

表5-42　税收整体调节农村居民收入分配的收入效应测算

收入组别	市场收入（Y_m）（万元）	实际收入（Y_a）（万元）	绝对变化（$Y_m - Y_a$）（万元）	相对变化 $\left(\dfrac{Y_m - Y_a}{Y_a}\right)$（%）
低收入户（20%）	32 020 867.39	31 814 624.36	206 243.03	0.6441
中等偏低户（20%）	69 303 866.29	68 971 998.94	331 867.34	0.4789
中等收入户（20%）	102 580 928.55	102 020 511.05	560 417.50	0.5463
中等偏上户（20%）	148 352 780.01	147 426 447.46	926 332.55	0.6244
高收入户（20%）	278 226 728.31	274 655 862.85	3 570 865.46	1.2834
加权平均	126 097 034.11	124 977 888.93	1 119 145.18	0.7154
基尼系数	0.362553	0.361112	0.001441	

从农村居民的收入分配差距来说，按市场收入测算的基尼系数为0.362553，按实际收入测算的基尼系数为0.361112，基尼系数相对下降0.001441，下降幅度远低于城镇居民。因此，税收整体有助于缩小农村居民收入来源端的收入差距，程度上小于城镇居民。

5.3.1.3　税收整体调节全国居民收入分配的收入效应

从收入效应来看，征收所有税收使城镇和农村居民内部基尼系数都有所降低，缩小了收入差距；同时，城镇居民收入平均下降幅度为2.7681%，远大于农村居民的下降幅度，因此，也缩小了城乡之间的收入差距。征收所有税收前全国居民按市场收入测算的基尼系数为0.432155，征收所有税收后按实际收入测算的基尼系数为0.419162，下降0.012993，下降幅度大于农村内部基尼系数下降幅度，但小于城镇居民内部基尼系数下降幅度。

5.3.2 税收整体调节居民收入分配的消费效应

在所有税种税率为0，也就是不征收所有税收的情况下，会使各类商品及劳务的成本下降，从而增加供给；同时也会使居民的可支配收入提高，从而增加需求，供需共同决定了商品及劳务的价格。根据CGE模型进行测算结果表明，在所有税种税率为0时，42类商品及劳务价格均出现了下降的情况，而且下降幅度较大，平均达到了7.8%，石油、炼焦产品、核燃料加工品、批发及零售、房地产等行业上涨最多，下降了18%左右，煤炭采选产品、食品和烟草、金属制品、机械和设备修理服务、水利、环境和公共设施管理、居民服务、修理和其他服务等行业也下降了10%以上，而教育行业下降最少，不足1%，农林牧渔产品和服务下降不足3%。而征收所有税收后，则会增加居民的各类支出，从而使真实收入相较实际收入会有所下降。

5.3.2.1 税收整体调节城镇居民收入分配的消费效应

税收整体对城镇居民收入支出端的影响如表5-43所示，真实收入Y_r相对于实际收入Y_a的上升幅度，从绝对值上来说随着不同组别收入水平的提高而增加，但从相对值来说，随着不同组别收入水平的提高而先降后升。从消费结构上来说，随着所有税种的征收，各类商品价格上升，各收入户组居民支出增加的相对幅度随着收入上升而逐渐增加，但变化幅度不大，仅从最低收入户组的9.55%上升到最高收入户组的9.84%。边际消费倾向对居民收入变化影响相对更大一些，因此低收入户组的真实收入增加相对幅度会较高收入户组大一些。

表 5-43　税收整体调节城镇居民收入分配的消费效应测算

收入组别	实际收入（Y_a）（万元）	真实收入（Y_r）（万元）	绝对变化（$Y_a - Y_r$）（万元）	相对变化 $\left(\dfrac{Y_a - Y_r}{Y_a}\right)$（%）
最低收入户（10%）	97 986 602.01	90 636 137.93	7 350 464.09	7.5015
较低收入户（10%）	151 785 820.67	142 338 082.77	9 447 737.90	6.2244
中等偏低户（20%）	200 595 225.61	188 266 583.25	12 328 642.35	6.1460
中等收入户（20%）	270 646 129.31	254 899 038.58	15 747 090.73	5.8183
中等偏上户（20%）	363 075 523.56	342 415 508.38	20 660 015.18	5.6903
较高收入户（10%）	490 072 899.91	462 328 209.98	27 744 689.94	5.6613
最高收入户（10%）	751 065 076.12	709 062 674.39	42 002 401.73	5.5924
加权平均	315 954 415.57	297 552 736.55	18 401 679.02	6.0289
基尼系数	0.343842	0.345659	-0.001817	

从城镇居民的收入分配差距来说，按实际收入测算的基尼系数为 0.343842，按真实收入测算的基尼系数为 0.345659，基尼系数上升了 0.001817。因此，所有税种的征收使得城镇居民收入支出端的收入差距相对扩大。这是因为征收个税后各类商品价格上升，导致居民消费支出增加，真实收入相对实际收入下降，边际消费倾向递减规律使得低收入居民受此影响更大一些，真实收入相对下降幅度也更大，最终扩大了收入差距。

5.3.2.2　税收整体调节农村居民收入分配的消费效应

税收整体对农村居民收入支出端的影响如表 5-44 所示，整体上与城镇居民类似，真实收入 Y_r 相对于实际收入 Y_a 的降低幅度，从绝对值来看随着不同组别收入水平的提高而增加，但从相对值来说随着收入的提高而降低。从消费结构来说，所有税种征收后商品价格上升导致农村居民支出的增加幅度随着收入上升而先降后升,低收入户组和高收入户组支出增加在 9.50% 左右,而其他收入户组支出增加在 9.10% 左右。而低收入户组居民边际消费倾向远远高于其他户组居民,导致低收入户组居民真实收入下降的相对幅度远高于其他户组。

表 5-44　税收整体调节农村居民收入分配的消费效应测算

收入组别	实际收入（Y_a）（万元）	真实收入（Y_r）（万元）	绝对变化（$Y_a - Y_r$）（万元）	相对变化 $\left(\dfrac{Y_a - Y_r}{Y_a}\right)$（%）
低收入户（20%）	31 814 624.36	26 481 593.78	5 333 030.58	16.7628
中等偏低户（20%）	68 971 998.94	63 664 433.29	5 307 565.65	7.6952
中等收入户（20%）	102 020 511.05	95 612 579.65	6 407 931.40	6.2810
中等偏上户（20%）	147 426 447.46	139 381 250.19	8 045 197.27	5.4571
高收入户（20%）	274 655 862.85	261 299 595.07	13 356 267.78	4.8629
加权平均	124 977 888.93	117 287 890.40	7 689 998.54	8.2118
基尼系数	0.361112	0.371976	-0.010864	

从农村居民的收入分配差距来说,按实际收入测算的基尼系数为 0.361112,按真实收入测算的基尼系数为 0.371976,基尼系数上升了 0.010864。因此,由于随着收入提高边际消费倾向递减,所有税种的征收对低收入群体影响较大,对高收入群体影响相对较小,导致农村居民收入支出端的收入差距相对上升,而且上升幅度远高于城镇水平。

5.3.2.3　税收整体调节全国居民收入分配的消费效应

从消费效应来看,所有税种的征收使城镇和农村居民内部基尼系数都有所上升,扩大了各自的收入差距;同时,城镇居民真实收入较实际收入平均下降幅度为 6.0289%，小于农村居民的 8.2118%，因此，城乡之间的收入差距也进一步扩大了。全国居民按实际收入测算的基尼系数为 0.419162，按真实收入测算的基尼系数为 0.422604，提高了 0.003442。

5.3.3 税收整体调节居民收入分配的整体效应

所有税种的征收对居民收入分配既产生收入效应，又产生消费效应。

从收入效应来看，所有税种的征收使城镇居民基尼系数下降 0.015038，使农村居民基尼系数下降 0.001441，使全国居民整体基尼系数下降 0.012993，在一定程度上降低了城乡内部以及全国整体的收入差距。

从消费效应来看，所有税种的征收使城镇居民基尼系数上升 0.001816，使农村居民基尼系数上升 0.010864，使全国居民整体基尼系数上升 0.003442，在一定程度上缩小了城乡内部以及全国整体的收入差距。

从整体效应来看，所有税种的征收使城镇居民基尼系数降低 0.013222，使农村居民基尼系数上升 0.009423，使全国居民整体基尼系数降低 0.009552。因此，从总体上说，所有税种的征收，农村居民内部收入差距有所扩大，使城镇居民内部收入差距有所缩小，使全国居民总体的收入差距也有所缩小，税收整体上呈累进性。

5.4 基于 CGE 模型的营改增调节居民收入分配效应测算分析

营改增是我国自 1994 年分税制改革以来一次重大的税制改革，此次税改能够完善税收体制，消除重复征税，降低企业成本，推动产业转型和结构优化升级，促进经济高质量发展。鉴于其意义重大，本书对营改增的调节居民收入分配效应进行分析。

从2012年1月1日起,在上海交通运输业和部分现代服务业开展营业税改增值税试点。自2012年8月1日起至年底,国务院将扩大营改增试点至8省市。自2016年5月1日起,营改增试点在全国所有行业全面推开,至此,营业税退出历史舞台。因此,2012年是营改增的开局之年,实施范围有限,其改革对当年税收数据影响较小,2017年是全面营改增后的第一年,其税收数据不包含任何营业税。本书以2017年各行业增值税税收收入数据(数据取自2018年《中国税务年鉴》)作为营改增改革后的一个结果,将CGE模型中42个行业的2012年增值税和营业税的数据调整为2017年增值税税收收入,据以测算营改增后居民实际收入和真实收入的变化,分析营改增对居民收入分配的影响。具体调整办法为,将CGE模型中营业税税率设为0,通过调整42行业增值税的实际税率使各行业增值税收入达到营改增后的水平。为了数据的可比性,考虑到2012年到2017年税收收入的增长,对2017年各行业增值税税收收入数据进行处理,以其乘以2012年税收总收入与2017年税收总收入的比值,以此作为营改增改革后增值税的税收收入。2012年增值税和营业税占当年税收总收入的42.28%,2017年增值税占当年税收总收入的39.05%,对此比例变化不做调整,以此测算的税收收入的减少可算作营改增的减税效应。

营改增一方面会使要素价格发生变化,改变居民的可支配收入,从而产生收入效应;另一方面使各类商品及劳务的价格发生变化,改变居民的实际支出和真实收入,从而产生消费效应。

5.4.1 营改增调节居民收入分配的收入效应

根据CGE模型进行测算,营改增会使资本要素价格相对劳动要素价格提高0.2391%,各个居民群体收入都有一定程度提高。

5.4.1.1 营改增调节城镇居民收入分配的收入效应

如表5-45所示,营改增具有一定的减税效应,由于资本要素价格的上升，使税改后城镇居民的实际收入 Y_{a2} 相对于税改前的 Y_{a1} 略有提高。提高幅度从绝对值上来说随着不同组别收入水平的提高而增加，但从相对值来说，随着不同组别收入水平的提高而先降后升，呈 U 形曲线。整体来说变化幅度不大，平均提高了 0.0172%。

表 5-45　营改增调节城镇居民收入分配的收入效应测算

收入组别	税改前实际收入（Y_{a1}）（万元）	税改后实际收入（Y_{a2}）（万元）	绝对变化（$Y_{a2}-Y_{a1}$）（万元）	相对变化 $\left(\dfrac{Y_{a2}-Y_{a1}}{Y_{a1}}\right)$（%）
最低收入户（10%）	97 986 602.01	98 004 367.94	17 765.92	0.0181
较低收入户（10%）	151 785 820.67	151 810 926.96	25 106.29	0.0165
中等偏低户（20%）	200 595 225.61	200 626 994.65	31 769.04	0.0158
中等收入户（20%）	270 646 129.31	270 684 820.21	38 690.91	0.0143
中等偏上户（20%）	363 075 523.56	363 129 972.64	54 449.08	0.0150
较高收入户（10%）	490 072 899.91	490 156 387.20	83 487.29	0.0170
最高收入户（10%）	751 065 076.12	751 294 190.03	229 113.91	0.0305
加权平均	315 954 415.57	316 014 944.71	60 529.15	0.0172
基尼系数	0.343842	0.343866	0.000024	

从城镇居民的收入分配差距来说，营改增前按实际收入测算的基

尼系数为 0.343842，营改增后按实际收入测算的基尼系数为 0.343866，基尼系数相对上升了 0.000024。因此，营改增后使城镇居民收入来源端的收入差距相对略有扩大。这是因为营改增后高收入户组居民资本收入相对增加较多，拉大了收入差距。

5.4.1.2 营改增调节农村居民收入分配的收入效应

营改增对农村居民收入分配的影响如表 5-46 所示，整体上与城镇居民类似，税改后实际收入 Y_{a2} 相对于税改前实际收入 Y_{a1} 略有上升，上升幅度从绝对值来看随着不同组别收入水平的提高而增加，但从相对值来说先降后升，呈 U 形曲线。平均上升了 0.0057%，显著小于城镇居民的增幅。

表 5-46　营改增调节农村居民收入分配的收入效应测算

收入组别	税改前实际收入（Y_{a1}）（万元）	税改后实际收入（Y_{a2}）（万元）	绝对变化（$Y_{a2}-Y_{a1}$）（万元）	相对变化 $\left(\dfrac{Y_{a2}-Y_{a1}}{Y_{a1}}\right)$（%）
低收入户（20%）	31 814 624.36	31 816 281.05	1 656.69	0.0052
中等偏低户（20%）	68 971 998.94	68 974 664.73	2 665.79	0.0039
中等收入户（20%）	102 020 511.05	102 025 012.72	4 501.67	0.0044
中等偏上户（20%）	147 426 447.46	147 433 888.41	7 440.95	0.0050
高收入户（20%）	274 655 862.85	274 683 693.34	27 830.49	0.0101
加权平均	124 977 888.93	124 986 708.05	8 819.12	0.0057
基尼系数	0.361112	0.361123	0.000011	

· 164 ·

从农村居民的收入分配差距来说,营改增前按实际收入测算的基尼系数为0.361112,营改增后按实际收入测算的基尼系数为0.361123,基尼系数相对上升0.000011,上升幅度小于城镇居民。

5.4.1.3 营改增调节全国居民收入分配的收入效应

从收入效应来看,营改增使城镇和农村居民内部基尼系数都有所上升,扩大了收入差距;同时,城镇居民收入平均上升幅度远大于农村居民,因此,也使城乡之间的收入差距有所扩大。营改增前全国居民按实际收入测算的基尼系数为0.419162,营改增后按实际收入测算的基尼系数为0.419192,上升了0.000030,上升幅度大于城镇和农村内部基尼系数上升幅度。

5.4.2 营改增调节居民收入分配的消费效应

根据CGE模型进行测算结果表明,营改增对42类商品及劳务价格均产生影响,大多数类别商品和劳务价格下降,也有少部分价格出现上升。煤炭采选产品、石油和天然气开采产品价格下降4%以上,石油、炼焦产品和核燃料加工品、水利、环境和公共设施管理、居民服务、修理和其他服务价格则下降超过3%;批发和零售及房地产价格则上升了接近2%,其他制造产品价格上升最多,达到了13.83%,不过这可能与2018年《中国税务年鉴》中"2017年全国税收收入分税种分产业收入情况表"对产业划分有所变化有关("2012年全国税收收入分税种分产业收入情况表"中只有"其他制造业",2017年该表则细分为"其他制造业""废旧资源综合利用业"和"金属制品、机械和设备修理业",产业划分刚好与投入产出表相对应)。营改增后各类商品和劳务价格的整体下降会使各类居民的真实收入相较实际收入有所上升。

5.4.2.1 营改增调节城镇居民收入分配的消费效应

营改增对城镇居民收入支出端的影响如表 5-47 所示，真实收入 Y_r 相对于实际收入 Y_{a2} 的上升幅度，从绝对值上来说随着不同组别收入水平的提高而增加，但从相对值来说，随着不同组别收入水平的提高而下降。从消费结构上来说，营改增后各类商品价格整体略有下降，各收入户组居民支出减少的相对幅度随着收入上升而逐渐降低，但变化幅度不大（因变化幅度小，故营改增对城镇居民消费支出影响测算表在此没有列出），仅从最低收入户组的 0.34% 下降到最高收入户组的 0.25%。边际消费倾向对居民收入变化影响相对更大一些，因此低收入户组的真实收入增加相对幅度会较高收入户组大一些。

表 5-47　营改增调节城镇居民收入分配的消费效应测算

收入组别	税改后实际收入 (Y_{a2})（万元）	税改后真实收入 (Y_r)（万元）	绝对变化 ($Y_r - Y_{a2}$)（万元）	相对变化 $\left(\dfrac{Y_r - Y_{a2}}{Y_{a2}}\right)$（%）
最低收入户（10%）	98 004 367.94	98 291 528.31	287 160.37	0.2906
较低收入户（10%）	151 810 926.96	152 175 491.71	364 564.75	0.2383
中等偏低户（20%）	200 626 994.65	201 082 748.91	455 754.26	0.2255
中等收入户（20%）	270 684 820.21	271 248 810.37	563 990.15	0.2070
中等偏上户（20%）	363 129 972.64	363 816 335.32	686 362.68	0.1877

续表

收入组别	税改后实际收入（Y_{a2}）（万元）	税改后真实收入（Y_r）（万元）	绝对变化（$Y_r - Y_{a2}$）（万元）	相对变化 $\left(\dfrac{Y_r - Y_{a2}}{Y_{a2}}\right)$（%）
较高收入户（10%）	490 156 387.20	491 016 901.12	860 513.92	0.1742
最高收入户（10%）	751 294 190.03	752 456 578.76	1 162 388.73	0.1418
加权平均	316 014 944.71	316 623 628.91	608 684.20	0.2085
基尼系数	0.343866	0.343692	-0.000174	

从城镇居民的收入分配差距来说，按营改增后实际收入测算的基尼系数为0.343866，按真实收入测算的基尼系数为0.343692，基尼系数下降了0.000174。因此，营改增使城镇居民收入支出端的收入差距相对缩小。这是因为营改增后各类商品价格有所下降，导致居民消费支出减少，真实收入相对实际收入上升，边际消费倾向递减规律使得低收入居民受益更大一些，最终缩小了收入差距。

5.4.2.2 营改增调节农村居民收入分配的消费效应

营改增对农村居民收入支出端的影响如表5-48所示，整体上与城镇居民类似，真实收入Y_r相对于实际收入Y_{a2}的上升幅度，从绝对值来看随着不同组别收入水平的提高而增加，但从相对值来说随着收入的提高而降低。从消费结构来说，营改增后商品价格下降导致农村居民支出的减低幅度随着收入上升而先升后降，中等偏低户组降低最多，为0.24%，高收入户组降低最少，为0.17%，整体变动幅度较小。

表 5-48　营改增调节农村居民收入分配的消费效应测算

收入组别	税改后实际收入（Y_{a2}）（万元）	税改后真实收入（Y_r）（万元）	绝对变化（$Y_r - Y_{a2}$）（万元）	相对变化 $\left(\dfrac{Y_r - Y_{a2}}{Y_{a2}}\right)$（%）
低收入户（20%）	31 816 281.05	31 925 001.61	108 720.56	0.3409
中等偏低户（20%）	68 974 664.73	69 124 780.77	150 116.03	0.2173
中等收入户（20%）	102 025 012.72	102 199 396.13	174 383.41	0.1706
中等偏上户（20%）	147 433 888.41	147 647 389.18	213 500.77	0.1445
高收入户（20%）	274 683 693.34	274 939 766.35	256 073.01	0.0928
加权平均	124 986 708.05	125 167 266.81	180 558.76	0.1932
基尼系数	0.361123	0.360831	-0.000292	

从农村居民的收入分配差距来说，按营改增后实际收入测算的基尼系数为 0.361123，按真实收入测算的基尼系数为 0.360831，基尼系数下降了 0.000292。因此，营改增后受边际消费倾向递减规模影响，低收入群体真实收入上升较大，导致农村居民收入支出端的收入差距相对下降，而且下降幅度高于城镇居民。

5.4.2.3　营改增调节全国居民收入分配的消费效应

从消费效应来看，营改增使城镇和农村居民内部基尼系数都有所下降，缩小了各自的收入差距。从全国来看，全国居民按营改增后实际收入测算的基尼系数为 0.419192，按真实收入测算的基尼系数为

0.419073，下降了 0.000119。

5.4.3 营改增调节居民收入分配的整体效应

营改增对居民收入分配既产生收入效应，又产生消费效应。

从收入效应来看，营改增使城镇居民基尼系数上升 0.000024，使农村居民基尼系数上升 0.000011，使全国居民整体基尼系数上升 0.000030，在一定程度上提高了城乡内部以及全国整体的收入差距。

从消费效应来看，营改增使城镇居民基尼系数下降 0.000175，使农村居民基尼系数下降 0.000292，使全国居民整体基尼系数下降 0.000119，在一定程度上缩小了城乡内部以及全国整体的收入差距。

从整体效应来看，营改增使城镇居民基尼系数降低 0.000151，使农村居民基尼系数降低 0.000281，使全国居民整体基尼系数降低 0.000089。因此，从总体上说，营改增使城镇、农村居民内部收入差距有所缩小，使全国居民总体的收入差距也有所缩小，整体上呈累进性。

第 6 章

我国税收调节居民收入分配存在的问题及原因分析

本书第 3 章从国民收入分配层面对间接税调节居民收入初次分配、直接税调节居民收入再分配进行了分析，第 4 章、第 5 章构建了税收 CGE 模型，详细分析和测算了各单个税种、间接税整体、直接税整体、税收整体及营改增对居民收入分配的调节效应。分析和测算的目的是准确把握我国税收调节居民收入分配的现状，切实找出存在的问题，深入探寻内在的原因，并针对性地提出进一步改革的对策。

6.1 我国税收调节居民收入分配存在的问题

6.1.1 税收收入过快增长挤占居民收入增长空间

改革开放初期，我国居民收入保持了长期的快速增长。根据本书第 3 章整理的历年资金流量表和税收数据测算可知，1978~1996 年，居民部门初次分配总收入年均增长速度为 19.86%，再分配后的可支配收入年均增长速度为 19.91%，均高于国民总收入 18.11% 的增速。1978 年居民部门初次分配总收入占国民总收入的比重为 51.31%，可支配收入占比为 52.13%，1996 年两项占比分别达到了 67.23% 和

69.02%。而同期间接税的年均增速为15.32%，直接税的年均增速只有5.49%，均低于居民收入的增速。改革开放初期的经济转轨时期，我国主动采取了诸多提高居民收入的政策。家庭联产承包责任制改革和乡镇企业的迅猛发展使农民收入快速增加，国企的放权让利改革及民企快速发展使城镇居民收入水平大幅提高。

随着经济的发展，居民部门收入增长速度有所放缓，而税收增速却逐渐加快。根据历年资金流量表和税收数据测算可知，1997~2016年，居民部门初次分配总收入年均增长速度为12.04%，可支配收入年均增长速度为11.96%，均低于国民总收入12.57%的增速。而同期间接税的年均增速为13.26%，直接税的年均增速更是达到了20.86%，均高于居民收入和国民总收入的增速。2016年居民部门初次分配总收入占国民总收入的比重为61.28%，较1996年下降了5.95个百分点，可支配收入占比为62.10%，较1996年下降了6.92个百分点。二十多年，随着我国经济快速增长，居民收入也逐渐提高，但增长速度低于国民总收入平均增长速度，更远低于税收的增长速度。这一时期，税收保持了高速增长，特别是直接税在二十多年的时间里年均增长速度超过国民总收入增速8.82个百分点，使政府部门可支配收入占国民总收入的比重由1997年的14.28%提高到2016年的17.89%，在2012年更是达到了19.24%。可以说，1997年以来的二十多年间，税收的超高速增长挤占了居民收入增长的空间，特别是对中低收入居民来说可能会造成更大的影响。

6.1.2 间接税加大居民收入分配差距

根据本书第5章测算结果可知，增值税、消费税和其他间接税呈税收累退性，加大了居民收入分配差距；营业税是累进的，缩小了居民收入分配差距；从间接税整体来说是呈税收累退性，加大了居民收入分配差距。

增值税从收入效应来说缩小了居民收入分配差距，从消费效应来说，扩大了城镇、农村内部的收入分配差距，也扩大了城乡之间的收入分配差距。从总体来说，消费效应远大于收入效应，使得该税整体上呈累退性。增值税总体上使城镇居民收入下降 2.6681%，使农村居民收入下降 3.3984%，特别是使农村的低收入户组居民收入下降 6.7468%，使全国基尼系数上升 0.000838。从收入来源端来说，征收增值税使资本收益较劳动报酬更显著的降低，对高收入群体造成了更大的影响；从收入支出端来说，征收增值税使各类商品的价格上升幅度大体相当，但由于边际消费倾向递减，商品价格上升对低收入群体影响更为显著，而高收入群体则相对影响较小。增值税累退性指数为 0.013794，虽然远小于消费税的 0.245980，但由于其在税收总收入中占比较大，是当之无愧的第一大税种，使得该税对居民收入分配产生了较大影响，显著扩大了居民收入分配差距。

消费税作为特定征收的税种，除了财政功能，自身本应当具有调节收入分配的功能。但从上文分析可以看出，消费税从收入效应来说缩小了居民收入分配差距，从消费效应来说，扩大了城镇、农村内部的收入分配差距，也扩大了城乡之间的收入分配差距。从总体来说，消费效应大于收入效应，使得该税整体上呈较强的累退性，扩大了居民收入差距。消费税总体上使城镇居民收入下降了 1.2847%，使农村居民收入下降了 1.8015%，农村的低收入户组居民收入下降最多，达到了 3.4506%，使全国基尼系数上升了 0.001259，对收入分配的逆调节作用超过了增值税。消费税在几个间接税中累退性最强，远大于增值税和其他间接税，这与消费税调节收入分配的职能是不相一致的。

营业税对城镇居民不管是收入效应还是消费效应都具有累进性，降低了收入分配差距，使城镇居民基尼系数降低了 0.000357。对农村居民从收入效应来说降低了收入差距，从消费效应来说扩大了收入差距，总体来说使农村基尼系数提高了 0.001537。就全国来说，营业税使基尼系数下降了 0.000242，缩小了居民收入差距，在间接税中是少有的具有累进性的税种，累进性指数为 0.023658。营业税之所以具有累进性，在于其征收范围主要是服务业和房地产业，而高收入群体对高端服务和房地产的消费远大于低收入群体，因此高收入群体承受了更多的营业税。

其他间接税对城镇、农村及全国居民来说，收入效应方面都缩小了收入差距，使基尼系数有所降低；消费效应方面都扩大了收入差距，使基尼系数有所上升。从总体来说，城镇居民收入差距有所缩小，基尼系数降低0.000316；农村居民收入差距有所扩大，基尼系数上升0.003049；全国居民收入差距略有扩大，基尼系数上升了0.000159。其他间接税的累退性指数为0.010467，小于增值税和消费税。

所有间接税整体对城镇、农村及全国居民来说，收入效应方面都缩小的收入差距，使基尼系数有所降低；消费效应方面都扩大了收入差距，使基尼系数有所上升；从总体来说，使城镇居民平均收入下降了7.5602%，使农村居民平均收入下降了9.2673%，下降最多的是农村居民中的低收入群体，达到了18.5178%，城镇、农村及全国居民收入差距都有所扩大，基尼系数整体上升了0.001891。对比发现，消费税作为负有调节收入分配的职能的税种，反而是对收入分配逆向调节最严重的税种，使基尼系数上升幅度达到了0.001259，与政策的出发点背道而驰。

在我国税制结构中，间接税长期处于主体地位。如图6-1所示，自1985年以来，间接税占税收总收入的比重一直在70%以上，1998

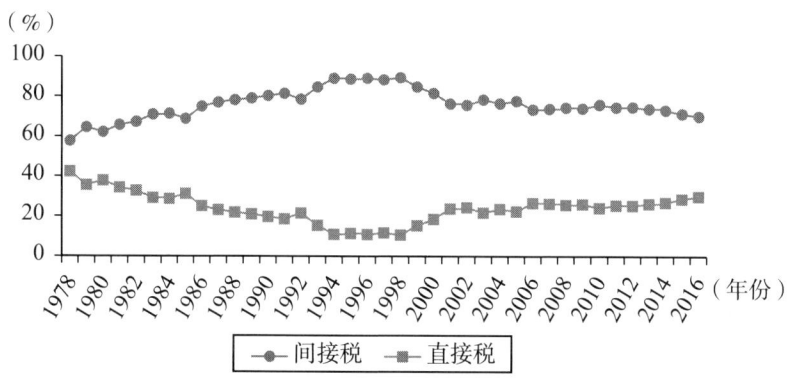

图6-1 我国间接税与直接税占税收总收入比重变动趋势

资料来源：根据历年《资金流量表》《中国财政年鉴》数据整理而来。

年甚至达到了89.38%。除了营业税之外,增值税、消费税和其他间接税均呈累退性,间接税整体也是累退的。间接税在我国税制结构中长期占比过大,放大了其累退性的影响,加大了居民收入分配差距,不利于税收对居民收入分配调节作用的发挥。

6.1.3 直接税调节居民收入分配能力有限

根据本书第五章测算结果可知,企业所得税和个人所得税均呈税收累进性,直接税整体也呈税收累进性,缩小了居民收入分配差距。

企业所得税是对资本收益征收的税,从收入来源端来说,对高收入群体影响更大,会降低城镇、农村及全国居民的收入分配差距;从收入支出端来说,由于征税后使商品价格下降,而低收入群体相对边际消费倾向更高,故而获益更多。因此,不管是收入效应还是消费效应,企业所得税都能降低收入分配差距,降低基尼系数。根据测算结果,农村基尼系数下降0.000799,城镇基尼系数下降0.001179,而全国基尼系数下降0.001511,整体累进性指数P为0.013796。

个人所得税是对劳动报酬及其他收入征收的税,由于我国居民收入普遍较低,真正缴纳个税的只是中高收入群体。从收入效应来说,个税降低了城镇、农村及全国居民的收入分配差距;从消费效应来说,征收个税使商品价格下降,使低收入群体从中获益更多。从整体上来说,个人所得税具有良好的调节居民收入分配的作用,但由于我国个税收入过低,实际调节作用有限。根据测算结果,个人所得税使农村基尼系数下降0.000691,城镇基尼系数下降0.000202,全国基尼系数下降0.000328。

企业所得税和个人所得税整体来说使农村基尼系数下降0.001571,城镇基尼系数下降0.013727,全国基尼系数下降0.011336。而所有间接税整体会使全国基尼系数上升0.001891,直接税对收入分配的正向调节作用整体上要大于间接税对收入分配逆向的调节作用。从所有税种整体来看,税收使全国居民基尼系数下降0.009552,总体上对收入分配起到了正向调节作用。

但应该看到,由于直接税占税收总收入的比重过低,使其对居民收入分配的调节作用没有得到充分发挥。如图 6-1 所示,直接税在 1978 年占税收收入的 42.25%,但此后迅速下降,在 1998 年达到最低的 10.62%。之后虽逐年攀升,但一直没有超过 30%。直接税占比过低,影响了其调节收入分配职能的发挥,也使税制整体对居民收入分配的调节能力受到极大限制,与国际上其他国家存在较大差距。在 OECD 国家,再分配机制对于基尼系数的改善度平均可达 14 个百分点。根据 OECD 统计数据,发达国家 2014 年税收收入中仅有 33% 左右来源于间接税(货物与劳务税),约有 60% 左右来源于直接税(企业所得税及个人所得税),5.5% 左右来源于财产税。税收、转移支付等对调节收入分配起到了显著作用。根据 OECD Database 数据可知,美国 2012 年初次分配基尼系数为 0.506,再分配基尼系数为 0.389,下降了 23.12%;日本 2010 年初次分配基尼系数为 0.462,再分配基尼系数为 0.318,下降了 31.15%,法国 2013 年初次分配基尼系数为 0.504,再分配基尼系数为 0.294,下降了 41.67%。说明税收等发挥了较大收入分配调节作用,直接税为主体的税制结构有利于调节居民贫富差距。

6.1.4 财产税未能担负调节居民收入分配的作用

我国绝大部分税收为在交易环节征收的商品税和在所得环节征收的所得税,在持有环节征收的财产税只有房产税、城镇土地使用税和车船税。这三个税种的税收收入保持了较快的增长,如表 6-1 所示,2007 年为 1 029.11 亿元,占税收总收入的比重为 2.26%,2017 年已达到 5 738.47 亿元,占比上升到 3.97%,十年间平均增速是税收总收入的 1.76 倍。但应该看到,财产税在税收总收入中占比仍然偏小,不到 4%,且主要以企业为纳税义务人,针对个人存量财产征收的税收非常少。因此,本书在运用 CGE 模型对税收调节居民收入分配进行分析时,把财产税和其他一些小税种一并归入其他间接税,没有单独进行分析。

表6-1　2007~2017年我国财产税情况

年份	2007	2008	2009	2010	2011	2012	2013	2014	2015	2016	2017
房产税（亿元）	575.46	655.00	803.66	894.07	1 102.39	1 372.49	1 581.50	1 851.64	2 050.90	2 220.91	2 604.33
城镇土地使用税（亿元）	385.49	430.00	920.98	1 004.01	1 222.26	1 541.72	1 718.77	1 992.62	2 142.04	2 255.74	2 360.55
车船税（亿元）	68.16	77.00	186.51	241.62	302.00	393.02	473.96	541.06	613.29	682.68	773.59
财产税合计（亿元）	1 029.11	1 162.00	1 911.15	2 139.70	2 626.65	3 307.23	3 774.23	4 385.32	4 806.23	5 159.33	5 738.47
占税收收入比重（%）	2.26	2.22	3.21	2.92	2.93	3.29	3.41	3.68	3.85	3.96	3.97

资料来源：根据相关年份《中国财政年鉴》整理而来。

随着我国改革开放40多年经济快速发展，居民拥有了巨量的个人财富，而个人间的财富不平衡已经成为严重的社会问题。尤其是房地产业的飞速发展和房价的快速上涨，急速加剧了个人财富差距。根据《中国民生发展报告2014》，2012年我国最顶端1%的家庭占有全国高达33%的财产，最顶端5%的家庭占有全国50%的财产，而最底端25%的家庭拥有的财产总量仅在1.2%。2012年我国家庭财产差距的基尼系数为0.73，远大于居民收入差距基尼系数，居民财产分布差距远高于居民收入分配差距。

财产税是以居民的存量财产为课税对象，良好的税制设置能够有效地调节居民财产的差距。而我国财产税存在严重不足，就税种设置上来说，目前只有房产税、城镇土地使用税和车船税，尚未建立完整的财产课税体系。就纳税主体及征税对象而言，尚未将财产课税的征税重点由企业（单位）转向个人，主要是对企业拥有的财产征收，对个人拥有财产征税严重不足。房产税和城镇土地使用税的纳税人主要是企业，个人直接负担的税收只有一部分车船税，而车船税的规模2017年只有773.59亿元，占税收总收入的比重为0.54%。就税收规模来说，财产税占比不足4%，在税收体系中占比太低。因此，我国财产税未能对居民存量财产进行调节，基本未能担负起调节收入分配的重任。

6.1.5 税收流失造成居民收入分配差距进一步扩大

税收流失是指在现行税制下，本应征收的税款未能实际征收入库的经济现象。我国长期存在大量税收流失是不争的事实，1994年中国税收的综合征收率只有50%左右，2003年为70%。李伟、王少国（2015）研究发现2012年全国城镇居民整体的个税流失率约为60.80%。大量的隐性经济的存在是税收流失的主要原因，高收入群体是最大的受益者。2004年我国第一次全国经济普查时GDP大幅调增了16.8%，2008年第二次经济普查时调增了4.4%，2013年第三次经济普查时调增了3.4%，总量上增幅19 174亿元，普查结果的大幅上调说明当年存在大量的隐性经济没有得到完整的统计。杨灿明、孙群力（2010）测算结果表明，1978~2008年我国隐性经济规模介于当年GDP的10.07%~26.73%之间。王小鲁（2013）调查结果显示，2011年我国灰色收入总量超过6.2万亿元，占GDP的比重超过12%，而且主要集中在部分高收入居民。隐性经济的存在造成我国税款的严重流失，高收入居民利用各种手段偷逃了大量税款。中低收入群体往往没有偷逃税款的渠道和能力，2016年个人所得税收入10 089亿元，其中工资薪金所得项目为6 558亿元，占比65%以上，工薪阶层成了税收的主力军。

因此，改革开放以来，我国经济和社会发展经历了由野蛮生长到逐步规范的过程，大量的隐性经济在其中滋生发展，高收入居民中有相当数量的灰色收入。这些隐性经济和灰色收入逃避了纳税义务，造成了税收的严重流失。而广大中低收入群体主要以工资薪金为主，收入来源单一，成为个人所得税纳税的主力军；同时由于边际消费倾向较高，承担了大部分的间接税。这些情况在统计数据中往往没有体现，但却是真实的存在。税收收入的严重流失，不仅使税收难以达到调节收入分配的初衷，反而有可能加剧个人收入分配的不公，引起社会的不满。

6.2 我国税收调节居民收入分配存在问题的原因分析

6.2.1 多种因素共同促使税收增速快于居民收入增速

根据历年资金流量表和税收数据测算可知，1997年以来我国税收收入经历了20多年的快速增长，其增速远超国民收入和居民收入增长速度，直接税的年均增速更是高达20%以上。而这一时期我国没有出现因重大历史事件而引发政府支出激增的情况，也没有实施以增加税收为目的的重大税制改革，反而进行了一系列的以减税为特征的税制改革，如大幅降低关税、取消农业税、增值税转型、营改增、多次上调个税费用扣除标准，统一内外资企业所得税制也使内资企业所得税税负大幅降低。因此，税收收入长期超 GDP 及居民收入增长，难以用一般的经济规律来解释，高培勇就将其称为"中国税收增长之谜"。

对于"中国税收增长之谜"，学者进行了诸多的研究。金人庆（2002）以经济增长、政策调整和加强征管"三因素"来解释。谢旭人（2006）认为是经济增长、物价上涨、GDP 与税收的结构差异、累进税制度、加强税收征管和外贸进出口等"六因素"交互影响作用的结果。高培勇（2006）认为是"征管空间"巨大这一特殊因素造成的。总体来说，我国税收收入增长速度超过 GDP 和居民收入增速是多种因素共同作用而造成的，主要有以下几个方面：

（1）GDP 增长及结构性变化是税收收入快速增长的主因。经济决定税收，我国经济的持续快速发展为税收提供了大量的税源。随着经济快速增长，产业结构发生了重大变化，1994 年我国第一、二、三产业的比重分别是 20%、47% 和 33%，而 2018 年这一构成则是 7.2%、40.7% 和 52.1%[①]。产业结构对税收总量和结构都起到决定作用，第一、二产业发展使税收稳定持续增长，第三产业比重提升能够加速税收的增长。分税制改革之后，我国第三产业在 GDP 中的比重提高了 19.9 个百分点，这是我国经济的重大质变，也促进了我国税收、特别是直接税收入快速增长。轻税产业或行业在 GDP 中的比重不断下降，而房地产业、建筑业等与土地有关的高税负行业快速发展，也是税收快速增长的重要原因。此外，我国货币长期持续的超发、物价上涨、外贸持续快速增长、企业经济效益的提升和居民收入的快速增长，也都促使税收收入增速高于 GDP 和居民收入的增速。

（2）分税制改革后税收征管力度加强是税收收入快速增长的重要原因。分税制改革是一种税收分权改革，改变了原有的定额合同和

---

① http://www.sohu.com/a/299143923_115804.

分成合同为主的契约形式,转变为分税合同为主的契约形式,契约形式的转变激励了各级税务部门征税能力和税收努力的提高。分税制改革时,我国存在税收征收率偏低的问题,1994年中国税收的综合征收率只有50%左右。因此税制在设计时就留有余地,名义税负偏高,"宽打窄用"以完成税收征收任务,这也使我国税制本身预留相当大的"征管空间"。分税制改革后随着税务机关征收力度的加强,税收信息化的建设、"金税工程"的实施和升级,税收综合征收率大幅提高,导致税收连年高速增长。

(3)劳动力大量供给导致居民收入增速跟不上经济和税收的增速。20世纪六七十年代是我国人口出生高峰期,八九十年代这些人口大量进入劳动力市场,为中国经济增长带来了可观的"人口红利"。由于劳动力的大量供应,使人力资源市场上工资具有较强的黏性,劳动力报酬增速低于经济和税收的增长。因此,税收的高速增长,挤占了居民收入的增长空间。以增值税为主体的间接税的快速增长,更是放大了税收的累退性,加大了居民收入分配差距。

6.2.2 间接税制不合理放大其累退性

6.2.2.1 增值税"一税独大",税制设置不当

增值税具有税收中性的特点,能够避免重复征税,促进社会分工,是一个符合市场经济发展要求的良税。由于我国增值税长期"一税独大",税制设置也有不合理之处,扩大了居民收入分配差距。

一是增值税"一税独大"不利于居民收入分配的调节。2018年国内增值税税收收入达到了61 529亿元,占全部税收收入的39.34%,是我国第一大税种。增值税具有一定的累退性,会扩大居民收入分配差距。作为占税收收入接近40%的第一大税种,增值税的"一税独大"严重影响了税收整体对居民收入分配的调节。

二是多档税率有违税收公平原则。我国近几年推出了一系列降低增值税的措施,2018年5月1日将增值税原适用的17%税率下调为

16%、原适用11%的税率下调为10%。2019年政府工作报告中又明确将16%税率下调为13%，10%税率下调为9%，由此形成13%、9%、6%三档税率和3%、5%两档征收率，减税力度远超预期。但增值税税率的降低并没有改变其存在的问题，多档税率会使产业之间、行业之间及产品之间增值税税负失衡，有违税收公平原则，不利于调节居民收入分配。

三是税收优惠及简易计征过多会影响税收公平。营改增之前，增值税和营业税分别有大量的税收优惠政策。营改增后原营业税优惠政策得以保留，基本上都平移到增值税制中来，并对特定行业出台了大量的过渡性优惠措施和简易计税方法。税收优惠及简易计征，与税收中性原则不符，会影响税收公平，不利于调节居民收入分配。

6.2.2.2 不合理的税制设置使消费税由累进性质的税种变为累退税

消费税是在增值税"普遍征收"的基础上，对特定商品加征的一个税种。特定征收意味着特定目的，以大量奢侈品和高档商品为征税对象的消费税本应该具有调节居民收入分配的作用。根据前文测算结果可知，由于自身税制设置不当，消费税不仅没有起到缩小收入分配差距的作用，反而加大了收入分配差距。消费税的累进性指数 P 为 -0.245980，不仅具有累退性，而且累退性程度远远高于其他税种。征税范围不合理，税率设置不当，使本应为累进性的消费税表现为严重的累退性。

一是普遍生活用品不应再继续征收消费税。随着我国经济的快速发展，人民生活发生了翻天覆地的变化，消费税的征收范围也应该随之调整。当初一些高档的具有一定调节意义的课税项目，随着经济社会的发展，已不具备调节消费、促进公平分配的意义，甚至具有了负面影响，不应再继续课征消费税。2006年将护肤护发品调整出消费税的征收范围，2016年10月起对一般化妆品不再征收消费税，将"高档化妆品"税率由30%调整为15%。这些征税范围的调整适应了经济社会发展的需要，及时纠正了不合时宜的情况。但如啤酒、黄酒和摩托车等已经进入一般居民家中成为普遍使用的日用消费品,甚至是生活必需品的商品,仍然属于消费税的征税范围,对其不加区分地课税,不符合引导消费、调节收入分配的要求,甚至会直接增加低收入阶层的税收负担,产生"逆向调节"。

二是一些高档消费品及消费行为未被纳入消费税征收范围。现行消费税的征税范围中包括了一些高档消费品或奢侈品,如高档手表、高尔夫球及球具、游艇等,但与高收入阶层的高消费行为相比范围明显偏窄。一些高收入群体的特有消费品,如高档实木家具、高档皮毛皮革制品、高档电子产品、高档日用消费品、高档食品、高级宠物、私人飞机等,一些高档或奢侈性消费行为,如高档餐厅、酒楼、高档桑拿洗浴、高档夜总会等,均不属于消费税的征税范围。这就会使消费税的调节功能不能有效发挥,不利于缩小收入分配差距。

三是未能全面考虑某些消费品特性而盲目提高其税负。不同商品的消费特性不同,中低收入者对于烟酒类消费品的消费比例一般较高,而高收入群体对烟酒的消费反而很可能会有所下降。在税制设计时应当全面考虑不同消费品的特性及消费者的消费习惯、消费特点,不然就会使消费税调节功能弱化,甚至出现相反的作用。

四是消费税税率设置不合理。对于一些原来属于奢侈品范围,但是随着经济发展转变为一般消费品的,应当降低其税率。我国长期对化妆品征收30%的消费税税率,远高于高档手表、游艇、高尔夫球及球具等这些更高级消费品所适用的税率,这就导致中低收入居民承担的税负反而可能高于高收入居民。而对于珠宝玉石、金银首饰实行比例税率,消费高档首饰的税率与普通首饰没有区别,不能体现消费税特定征收的特点,不利于调节收入分配。

6.2.3 直接税制不完善影响其调节功能的充分发挥

受到经济发展水平、税收环境以及纳税人的纳税意识等多方面因素的影响,我国个人所得税制往往不能全面体现纳税人的纳税能力,出现"同收不同税""高收低税""低收高税"等不正常现象。2018

年个税改革虽弥补了一些税制中存在的问题，但还有进一步完善的空间。

（1）分类课税模式存在缺陷。2018年个税改革之前，我国实行的是完全的分类制课税模式。分类课征的税制便于征收管理，征纳成本较低，符合税收征收效率原则。从公平原则来说，分类课税不能完全反映纳税人真实的负税能力，不利于税收公平。相同收入的人会因收入来源不同而承担不同的税负，造成税收的横向不公平。高收入者收入来源广泛，可以通过改变收入性质等筹划方式以承担更少的税负，低收入者收入形式单一，以工资薪金为主，边际税率高，且难以筹划，相对税负较高，造成税收的纵向不公平。

（2）税率设置不合理。我国分类课征下个税税率设置差别较大，工资薪金是按最高45%的7级超额累进税率征收，而其他税目大多是按20%的税率征收，房产转让往往是按1%税率简易计征，资本市场上股票转让收益不征税。低收入居民往往以工资薪金收入为主，高收入居民来源于房产及资本市场上的收益较多，税率设置的不合理造成低收入者高负税，高收入者低负税，甚至不负税。这就违背了我国按劳分配的基本原则，影响了劳动者工作的积极性，不利于社会的稳定，也加大了居民收入分配差距。

（3）费用扣除标准存在不足。个人所得税的费用扣除标准主要是在税前扣除维持生计的相关费用，现行费用扣除标准存在一些不足，影响税收公平原则。第一，对物价上涨和生活成本考虑不足。改革开放以来，经济高速增长和货币大量投放使我国物价水平处于不断上升状态，人民生活水平的大幅提高也使生活成本上升较快。2018年个税改革将费用扣除标准提高到5 000元，部分缓解了这个问题。第二，没有考虑地方之间的差异。我国幅员辽阔，各个地方房价、物价差别很大，维持生计的费用也差别很大，全国统一费用扣除标准对高物价地区不公平。第三，没有考虑到家庭支出的实际情况。现行个税只考虑个人收入情况，没有以家庭为单位综合考虑家庭收入和支出情况，不能反映纳税人的税收负担能力。2018年个税改革方案增加了六项附加扣除，是个税改革的一个重大进步，下一步税改还需要以家庭为单位来进行计税。

6.2.4　财产税制不健全使其在调节居民收入分配中缺位

改革开放40多年来，我国居民财产迅速增长，特别是个人房产价值快速增长。国家统计局数据显示，2018年商品房销售额为149 973亿元，占当年GDP的16.66%。财产是居民在其存续期间内积累的所有财富，充分反映了居民的财富累积程度，代表了一种支付能力，体现居民的纳税能力。因此，以财产作为课税对象符合量能课税的税收原则，充分体现了税制的公平要求。在我国目前的税收制度下，所得税调节国民收入分配的作用有限，为了实现社会收入公平分配的目标，就必须进行财产税制改革，发挥其调节国民收入分配的作用。而我国财产税存在征收范围狭窄，计税方法不合理，税种不完善的问题，导致财产税征收规模较小，调节居民收入分配能力不足。

（1）征收范围狭窄致使其对居民存量财富调控不足。我国房产税和城镇土地使用税暂行条例均规定，"个人所有非营业用的房产"免税。事实上，免税主要是为了保障居民的基本生存权，应该仅限于居民及其家庭维持生活必需的住房，一般来说是家庭的第一套住房。我国现在的房地产市场发展并不健康，大量购房者购买房产的目的不是用来自住，而是为了投资，房产在居民间的分布极不平衡，成为居民财富差距的主要体现。对所有个人非营业性住房都免征房产税和城镇土地使用税，不利于调节居民收入分配，还使炒房者不需要承担持有房产期间的税负，助长了炒房的热情，加剧了收入分配差距。

（2）计税方法未能体现公平原则。我国现行房产税是以历史价值作为计税依据，造成市场价值相同的房产，因购买时价格不同而税负不同。房地产价格上涨较快，先买房者所付房价较低，后买房者所付房价较高。以历史价值作为计税依据，不考虑溢价因素，对同样的房产来说，付价高者多纳税，付价低者少纳税，显然有悖于公平原则。我国现行城镇土地使用税以土地面积作为计税依据，无法体现土地的真实价值，客观上使税收负担与土地价值脱钩，税收不能随着经济的快速发展而同步增长。世界上大多数国家与土地相关的税收均为按价值来课税的。我国现行车船税以排量为计税依据，而不是按照车船的价值计税。以排量计税不符合税收公平原则，相同排量的汽车价值越高，实际税负水平越低。

（3）遗产税的缺位不利于代际公平。遗产税是以被继承人去世以后所遗留的财产为征税对象，向遗产的继承人和受遗赠人课征的一种税，是财产税体系中的重要税种。当前我国财富集中度越来越高，代际财富分配不平衡问题越来越突出，收入差距呈现出明显的继承性和遗传性特征，所谓的"二代"现象比较突出。就我国当前税收制度的基本架构来说，遗产和赠与方面的财产收益可能是从税网中漏掉的"大鱼"之一。开征遗产税会有助于避免社会代际不公平，防止财富过分集中对社会形成的不良影响，有利于调节收入分配，彰显社会公平，也有助于激发中低收入居民努力工作、奋发向上的精神。目前世界上大多数发达国家都开征了遗产税，发展中国家中也有相当部分开征此税。我国早在1950年颁布的《全国税政实施要则》中就将遗产税定为全国14个税种之一，1985年《关于〈中华人民共和国继承法〉（草案）的说明》中提出了设立遗产税的构想，1993年党的十四届三中全会通过的《关于建立社会主义市场经济体制若干问题的决定》中提出要"适时开征遗产税和赠与税"，2013年国务院《关于深化收入分配制度改革若干意见》中提出"研究在适当时期开征遗产税"。直到现在，我国遗产税仍未能付诸实施，主要源于对遗产税可能造成资金外流的担忧。

6.2.5 税收征管乏力造成了高收入群体税收流失

税收对收入分配调节作用的发挥，一方面取决于合理完善的税收制度，另一方面取决于有效的税收征管。做到依法应收尽收，是税收有效调节居民收入分配的关键。我国税收征管存在着疲软乏力的问题，导致理论税负与实际税负偏差较大，影响税收调节收入分配功能的发挥，使税收成为"逆向调节"的加速器。

（1）居民税源信息管理能力薄弱。税收征管的核心是税源信息管理，强大的税源信息管理能力能够实现对课税资料的全面、充分管控，进而实现应收尽收，避免税款流失。但现实中由于各方面原因，我国税务机关很难完全掌握居民多元性、隐蔽性收入等税源信息，尤其对高收入高净值个人的多渠道收入来源掌控不足。税源信息管理能力薄弱，往往使那些收入来源简单，涉税信息易于被管控的纳税人承担较高税负，而收入较高、收入来源复杂的纳税人容易逃避缴纳税款，从而导致税制执行的不公平。我国个人所得税之所以沦为工薪税，与此有很大关系，税收不仅不能起到调节居民收入分配的作用，还很可能导致逆调节的情况。

（2）税收征管体系不健全。我国改革开放后虽历经多次重大税制改革，但税收征管方面并没有随之改革，致使税收征管改革滞后于税制改革。我国税制运行系统长期以企业为主要监控对象，税务机关对企业具有较强的管理能力，而对居民税收征管能力不足。以保障税收收入任务完成为中心的治税模式，也使得税务机关更加偏重于以征收成本低、征管阻力小的企业为管控重点，而针对居民个人的税收由于征收成本高、征管阻力大而成为税务机关的次优选择。因此，粗放型的任务治税模式导致对居民收入监管不足，对高收入群体征税力度不够。

第 7 章

增强居民收入分配调节效应的税制改革对策

7.1 增强居民收入分配调节效应的税制改革的原则定位与总体方向

7.1.1 增强居民收入分配调节效应的税制改革的原则定位

发展经济学先驱阿瑟·刘易斯指出:"收入分配的变化是发展进程中最具政治意义的方面,也是最容易诱发妒忌心理和混乱动荡的方面。"改革开放40多年来,经济快速增长,人民生活日新月异,中国特色社会主义进入新时代,我国社会主要矛盾已经转化为人民日益增长的美好生活需要和不平衡不充分的发展之间的矛盾。发展不平衡不充分的一些突出问题尚未解决,城乡区域发展和收入分配差距依然较大。在新时代之前,我国处于"富起来"阶段,经济和财税政策主要以效率优先,允许一部分人先富起来;在进入新时代之后,我国处于"强起来"阶段,需要履行好政府再分配调节职能,缩小收入分配差距,促进收入分配更合理,更有序。社会主义新时代,是全国各族人民团结奋斗、不断创造美好生活、逐步实现全体人民共同富裕的时代;是坚持以人民为中心的发展思想,更好满足人民在经济、政治、文化、社会、生态等方面日益增长的需要，更好推动人的全面发展、社会全面进步的时代。因此，新时代要求要进一步完善和发展中国特色社会主义制度、推进国家治理体系和治理能力现代化，促进社会公平正义，保证全体人民在共建共享发展中有更多获得感，不断促进人的全面发展、全体人民共同富裕。

财政是国家治理的基础和重要支柱，基于我国的发展阶段、分配状况、社会结构等因素，我国财税制度有必要从效率导向转到公平导向。税收作为国家治理的重要工具，必须在调节收入分配，促进社会公平方面发挥更大的作用，其征收环节要由"创造财富"的前端更多地向"分配财富"的后端转移。税收制度改革的原则定位是更加注重体现公平与正义，有助于进一步缩小居民收入分配差距。

7.1.2 增强居民收入分配调节效应的税制改革的总体方向

为了实现社会公平，缩小居民收入分配差距，下一步税制改革的总体方向是优化税制结构，降低间接税的比重，弱化间接税的累退性；逐步提高直接税的比重，完善财产税制；降低来自企业的税收比重，提升来自居民个人的税收比重。

7.1.2.1 降低间接税的比重，弱化间接税的累退性

在保证财政收入不出现大幅降低的条件下，要显著调低间接税在整个税收收入中的占比，同时弱化其累退性。降低增值税的税率，扩大抵扣范围，保持增值税的税收中性。将高档消费品和消费行为纳入消费税征税范围，调整消费税税率，增强消费税的收入调节能力。

7.1.2.2 逐步提高直接税的比重，完善财产税制

随着间接税税负的降低，政府部门在国民收入初次分配中的份额会下降，而企业部门和居民部门分配的份额会上升，国民收入再分配中企业所得税和个人所得税的税源会随之扩大，所得税税收收入会增加，占税收总收入的比重会逐步提高。要进一步完善所得税制，使其

更公平合理。随着国民财富的增加,要尽快开征房地产税,适时开征遗产税,增加对个人存量财富的课税。

7.1.2.3 降低来自企业的税收比重,提升来自居民个人的税收比重

我国税收主要来自企业,直接向居民个人征收的税种较少,且以代扣代缴或代征为主,这样大大提高了征税行政效率,减少了居民个人纳税的成本。居民个人表面上的不纳税或少纳税并没有减轻其税收负担,企业并非税收的最终负担者,只有个人才能承担税负,企业缴纳的税款通过种种方式转嫁给个人,且往往不能体现量能负担的原则,反而加重了低收入居民的税收负担,扩大了居民收入分配差距。这与国际通行的税收征缴有较大差异,大多数国家税收是以居民个人为直接纳税人。因此,下一步税制改革应逐步降低来自企业缴纳的税收收入比重,相应提高来自个人缴纳的税收收入比重,更加注重税收公平,缩小居民收入分配差距。

7.2 增强居民收入分配调节效应的税制改革的具体措施

7.2.1 完善增值税制度,进一步简化并降低税率

7.2.1.1 进一步简化并降低税率

世界上开征增值税的170多个国家中有一半左右实行的是单一税率,简并税率成为近年来许多国家增值税改革的方向。我国2017年7月取消了13%的税率,使增值税税率由四档降为三档;2018年5月将适用17%的税率降为16%,将适用11%的税率降为10%;2019年4月起又将税率进一步下调为13%、9%和6%三档,减税幅度远

超预期。增值税税率下调，不仅是当前形势下减税降费的需要，也是调整税制结构，逐步降低间接税比重，提高直接税比重的需要，是我国建立现代税收制度的至关重要的一步。这次税率调整，应该说不是增值税制改革的终点，从简化税制，保持税收中性，降低税收累退性的角度来说，增值税税率还有进一步优化的空间。未来增值税改革的方向是继续降低和简并税率，可实行一档基本税率，一档优惠税率，既保持税收中性，又能降低其累退性，以利于对居民收入分配的调节。

7.2.1.2 清理税收优惠，减少简易计征

营改增后我国增值税存在大量的税收优惠和简易计征，使增值税制越来越复杂，导致管理和遵从成本大幅增加，同时也是对税收中性原则的破坏，造成资源错配，税收负担不均衡，很可能造成税收累退性的增强，进一步影响调节居民收入分配的职能。2019年4月大幅降低了增值税税率，同时允许生产、生活性服务业纳税人按照当期可抵扣进项税额加计10%，抵减应纳税额，也就是增值税也增加了加计抵减的政策。这些政策的调整，有其现实的需要，能够有效降低相关行业的增值税税负，平衡不同行业的税负水平。但从增值税税制来说，会使税收制度进一步复杂化、碎片化，背离了简化税制的初衷，不利于税收中性和调节居民收入分配。根据税收法定的税改时间表，增值税立法早已列入议事日程，很快会进入立法程序，而日益繁杂的税制显然与增值税立法是不相符的。下一步增值税改革应简化税制，着力清理税收优惠，减少简易计征，保持增值税的税收中性原则。

7.2.1.3 对生活必需品实行低税率

增值税既要简化税制，简并税率，保持税收中性，又要降低其累退性，使其在调节居民收入分配中发挥作用。下一步税制改革，在实行一档基本税率的基础上，应对居民生活必需品实行一档更低的优惠税率。农副产品、食用油、食盐、居民家用燃气及水等生活必需品是维持基本生活的必要产品，在低收入居民的支出结构中占比相对较

高。根据量能负担原则，用于低收入群体维持基本生活的产品应该尽可能不纳入征税范围，如纳入征税范围，也应当保持较低的税负水平。因此，对生活必需品应降低增值税税率，甚至实行零税率，这样会有效降低低收入居民的税收负担，增加其真实收入，增强增值税调节居民收入分配的能力。

7.2.2 调整消费税征收范围，优化税率结构

相较于增值税的普遍征收，消费税属于特定征收的税种，特定征收意味着具有特定的目的和职能。消费税应当更多地发挥调节职能，进一步调整征税范围，优化税率结构，变累退性为累进性，促进居民收入分配的调节。

7.2.2.1 将一些生活必需品移出消费税征税范围

随着改革开放40多年来经济社会的高速发展，我国居民的收入水平、生活质量已今非昔比，甚至说是沧桑巨变，有了根本性的提升。原来的一些所谓的高档用品早就成为了寻常百姓家的生活必需品，对其征收消费税，已不具有调节消费、促进公平分配的意义，甚至具有了负面影响。因此应该将啤酒、黄酒和摩托车等完全进入人们日常生活的消费品从消费税范围中移出。

7.2.2.2 将高档消费品及高档消费行为纳入消费税的征税范围

随着经济的发展，我国高收入人群对奢侈品的消费越来越多。将更多奢侈品纳入消费税征税范围，征收较高消费税，可以引导消费，还有助于调节收入分配，维护社会公平正义。我国虽将高档化妆品、高尔夫球及球具、高档手表、游艇等纳入消费税征税范围，但对高档消费品涵盖范围仍远远不够。还应将私人飞机、高级皮毛与皮革制品、高档电器、高档家具、高级进口保健品、高档健身器具、高档视听设备、高级时装、高档箱包等纳入征税范围，体现高收入者多纳税

的原则。

营改增前娱乐业的营业税税率为20%,远远高于其他行业税率。全面实行营改增后,娱乐业变为增值税中的生活服务业下面的旅游娱乐服务税目,无论是6%的增值税税率,还是3%的增值税征收率,都远低于原来营业税的税率,造成这些行业税负大幅度降低,使营业税原有的调节收入分配作用没有得以保持。随着收入水平的提高,我国高收入群体也开始从物质消费转向注重享乐过程的行为消费,其中不乏奢侈性消费行为。对这类超出普通大众日常消费的消费行为,现有税制的调节功能有限。为了充分发挥税收的调节功能,应该对一些属于奢侈性消费行为的项目,在征收增值税的基础上,再征收一道消费税,使高收入者高负税。

同时,消费税的征税范围不应该是一成不变的,应该在整体拓宽具有奢侈品属性税目、扩大税基的基础上,动态调整消费税征税范围。

7.2.2.3 调整部分消费品的消费税税率

针对现有税制的不合理,应调整部分消费品的消费税税率。

一是提高游艇、高档首饰、高尔夫球及球具的消费税税率。目前游艇、高档首饰、高尔夫球及球具的消费税税率都在10%以下,税率明显偏低,不符合其高档消费品的属性。相比化妆品长期30%的税率(现调整为15%),这几类消费品的高消费属性要强得多。因此,应提高高尔夫球及球具、高档首饰、游艇的消费税税率,使其发挥调节收入分配作用。

二是根据高档消费品和消费行为的奢侈程度,变固定税率为累进税率。我国对高档酒类、高档手表、高尔夫球及球具、游艇等高档消费品实行的是固定税率,没有体现高消费、高税负的差别征收原则。应该根据奢侈程度,差别对待,实行累进税率,大幅度提高高档奢侈品和奢侈消费行为的税负,使消费税充分起到调节居民收入分配的作用。

三是适当降低低档酒类和卷烟产品的消费税税率。从引导消费的角度看，烟酒类产品有损健康，对其课税的目的是抑制消费。考虑到中低收入群体对烟酒的消费偏好，对烟酒类产品征收过高的消费税，不仅很难起到戒烟戒酒的作用，还会加剧消费税对于收入分配的逆向调节。因此，应当适当降低低档卷烟和酒类产品的消费税税率，使其既能起到引导消费的作用，又不致过多加重低收入阶层的税收负担，造成消费税的累退性。

7.2.3 尽快实施和完善综合与分类相结合的个人所得税制度

个人所得税是最有利于调节居民收入分配差距的税种，应该进一步改革个人所得税制度，充分发挥其调节居民收入分配的作用。2018年我国个人所得税制度进行了重大改革，简并税目，增加了附加费用扣除，在综合计征方面迈出了重要一步。但它并没有从根本上改变我国个人所得税存在的问题，进一步改革和完善综合与分类相结合的个人所得税制度势在必行。

7.2.3.1 进一步简并税目，提高综合课征能力

我国个人所得税一直实行分类课征方法，对于不同收入的差异化计征办法严重破坏了个人所得税的收入调节能力。2018年个税改革将工资薪金所得、劳务报酬所得、稿酬所得和特许权使用费所得等合并为综合所得，实现"小综合"的突破。但应当看到，这四类所得主要是劳动者报酬所得，对此合并计税，有可能增加劳动所得的税负。而资本所得计税方式没有变化，整体税率偏低，会造成对收入分配的进一步逆调节。因此应加快个税改革步伐，进一步合并税目，提高综合课征能力，继续向综合计征模式的方向迈进。

7.2.3.2 将费用扣除标准与专项附加扣除相结合

个人所得税的费用扣除标准主要体现的是在税前扣除维持基本生计所需要的费用。我国居民整体收入水平还不够高，如果将费用扣除标准调整的过高，会缩小税基、降低总体税负，也会大幅降低应纳税

居民的人数。根据2019年两会期间国家税务总局王军局长的介绍，2018年个税改革使8 000万人不需要再缴纳个人所得税，实际需要缴纳的只有6 500万人，这在我国劳动力人口中所占比例是比较低的。过低的纳税人口使个税不能起到合理调节收入差距的目的，也无法有效改善我国居民的收入分配格局。因此不宜将费用扣除标准设置过高，而要根据家庭和个人情况将费用扣除标准与专项扣除结合起来，根据个人及家庭实际情况增加必要扣除。2018年个税改革增加了住房贷款利息和赡养负担等六项专项扣除，这是税制改革的一大进步。但这六项专项扣除更多的是分项定额扣除，以后需要进一步考虑个人及家庭支出的实际情况，在一定限额内据实扣除，并逐步增加扣除的项目，允许扣除金额的跨期结转，以真正体现量能课税原则。

7.2.3.3 进一步优化税率以体现税收公平

2018年个税改革主要是将劳动所得合并纳税，在综合计征方面迈出了重要一步。税改后综合所得的边际最高税率为45%，高于经营所得最高税率35%，也高于其他税目20%的税率，房产转让所得大多是按1%税率简易计征，资本市场上股票转让收益不需要纳税。从税率上来说，劳动收益税负远高于资本收益税负，会使广大工薪阶层承担高税负，而高收入阶层通过筹划手段将部分综合所得转化为其他所得以降低税负，从而进一步扩大居民收入差距。因此，应统筹考虑个税各项所得情况，适当减少综合所得税率级次，降低最高税率水平，适当扩大各税率的级距。

7.2.3.4 尽快采用以家庭为主体的课征方式

我国个人所得税是以个人为纳税主体，容易造成税收不公。家庭是社会生活的基本单元，以个人为纳税主体，没有考虑家庭实际的收入水平和生活负担问题，会导致收入相同的家庭税收负担不同，也会导致生活负担较重的家庭承担较多的税收负担。并不意味着税收的实际负担能力相同，会加重家庭负担较重的纳税人的税收负担。为了使税收体现实质公平，应把家庭作为个人所得税的纳税主体，以实现家庭税收负担与其实际负税能力的匹配。

7.2.4　加快房地产税立法和实施进程

房地产税一直是我国社会各界热议的问题，特别是在2019年两会期间，相关讨论热点不断。房地产税涉及广大中高收入群体的切身利益，影响极大，因此也受到来自各方面的质疑，改革阻力较大，其立法进程一定程度上也有所迟滞。对开征房地产税质疑的焦点在于是否有法理依据。我国土地属于国家所有，个人不拥有土地所有权，只拥有房产所有权和土地使用权，而土地使用权已交过土地出让金，因此质疑者认为对不拥有土地所有权的个人征收房地产税缺少法理依据。事实上，我国土地所有权属于国家所有，不允许买卖，不具有事实上的财产性质；个人虽只拥有房产所有权和土地使用权，但拥有的土地使用权具有所有权同等的拥有、支配、处置、收益权益，与拥有土地所有权没有本质区别，是事实上的房屋财产的所有人和受益人。因此，本书认为，开征房地产税，不存在法理依据不足的问题。从我国经济社会发展的现实情况来说，我国房地产业经过20多年的快速发展，逐渐面临着转型调整，会给地方财政造成较大冲击。营改增后地方政府缺乏主体税种，开征房地产税有助于补充地方税源，也有助于加强服务型政府的建设。房地产税与公共服务具有内在关联性，开征房地产税有利于明确地方政府的受托责任，激励地方政府的职能转变。房地产税还有助于抑制投机性房产需求，防止房价过快上涨。从税收公平角度来说，房地产税是直接向拥有多套房产的个人征收，税负不易转嫁，能体现量能课税原则，开征房地产税有助于调整税制结构，增加直接税的比重，使税制整体的累进性增强，有利于调节收入分配和再分配，缩小收入分配差距，促进社会公平正义。从国际上来说，大多数发达国家都开征了房地产税，并成为地方政府财政收入的主要来源。

我国应按"立法先行，充分授权，分步推进"的原则，加快推进房地产税立法和实施，在保障基本居住需求的基础上，对个人住房开征房地产税，按照评估值计税，实行累进税率，使其充分起到调节财富分配的作用。

7.2.4.1 按评估值征税以保证公平

国际上房地产税一般是按照评估值征收，根据房产原值计税的征收方式已与时代发展脱节。房地产税是对居民的存量财产征收，如按房产原值计征，没有考虑房产增值部分，会造成买时便宜、有增值的少缴税，买时较贵、没有增值的多缴税，这显然违背了公平原则。而评估值反映了房产的市场价值，体现了居民的负税能力，按评估值征税有利于税收公平。

7.2.4.2 设定人均免税面积以保障基本居住需要

目前征收房地产税的国家都制定了一些税收优惠政策，保护居民基本住房权利，避免个人或家庭的房地产税负担过重。我国房地产税的税收优惠要充分考虑我国的基本国情，既要发挥房地产税筹集财政收入的作用，又要有利于调节居民收入差距。为了保障居民的基本生活需要，应设定人均免税面积，超过部分作为计税依据。上海市房产税人均免税面积为60平方米，基本符合我国的实际情况，易于被大众理解和接受。

7.2.4.3 累进税率更有利于调节居民收入分配

土地属于国家的公共资源，单个家庭占有过多房产有违公平原则。房地产税应实行累进税率，当某个家庭占有房产面积超过一定面积时，应以更高税率征收。累进税率有利于调节居民收入分配差距，体现社会公平，也会有利于房地产行业的持续健康发展，打击房地产投机行为，有助于房价的稳定。

7.2.5 适时开征遗产税

优化税制结构，促进税收对居民收入分配的调节，既需要做"减法"，也需要做"加法"。遗产税作为调节居民贫富差距、促进社会公平的税收杠杆，是财产税体系中的重要税种，是需要做"加法"的重点领域。随着私人财产规模的增长和财富差距不断扩大，以及"富二代"问题的日益突出，开征遗产税将有助于矫正代际分配失衡的问题，抑制贫富差距持续扩大的趋势。在大多数国家，特别是成熟的市场经济国家，遗产税是政府税收体系中不可或缺的组成部分。我国应尽快加强遗产税的研究，深入探究其基本原理、主要目标、关键路径和重点要素等内容，充分论证，适时开征遗产税。

7.2.5.1 采用"先税后分"的遗产税制

遗产税制有"先税后分"和"先分后税"两种。"先税后分"是指先对被继承人去世以后所遗留的财产征收遗产税，再将税后遗产分配给继承人；"先分后税"是指先将被继承人去世以后所遗留的财产分配给继承人，再分别对继承人分配的财产征收遗产税。遗产税在我国从未正式开征过，对社会公众来说有个接受的过程，受"子承父业"等传统观念影响，该税的征收会遇到一些阻力。被继承人去世后，对所遗留财产的分配多在家庭内部完成，这就容易导致隐匿税源，税务机关难以控制。因此我国应采取"先税后分"的遗产税制，这样征收环节少，容易操作，征管部门只需对遗留财产进行一次征税，税源好管理，可以避免被继承人通过隐匿财产或虚增遗产继承人来逃税。

7.2.5.2 应设置较高的免征额

免征额是指免于征收遗产税的部分的遗产数额。我国遗产税免征额的确定，应主要根据我国家庭财富总体水平，考虑社会对遗产税的认可程度，同时参照国际上免征额的水平。国际上一般以人均 GDP

的15到20倍作为遗产税的免征额。我国虽然经历了40多年的经济高速增长，但本身还属于发展中国家，经济社会还没有达到足够发达的程度，许多企业家及富裕阶层还处于财富积累创造过程之中，整个社会对遗产税的认识不足，接受程度还不够高，因此可以将免征额设置的适当高一些。我国目前人均GDP还不到一万美元，为了不影响社会财富创造的积极性，提高纳税人的税收遵从度，避免出现严重的抵触情绪，可以将遗产税的免征额设定在人均GDP的30~40倍之间，并且根据社会发展水平适时调整。

7.2.5.3 采用超额累进税率

根据负税能力公平原则，对于遗产税应采用超额累进税率，使负税能力越强的纳税人缴纳更多的税，负税能力越低的纳税人缴纳更少的税。对于最高边际税率不易设置过高，我国长期没有开征遗产税，公众对此了解不多，观念上还有个接受的过程，过高的边际税率会影响纳税的积极性。从防止资金外流角度来说，遗产税的边际税率也应参照国际水平，尽量避免税率过高的不良后果。同时应注重强制性分配机制与诱导性分配机制相结合，既要以超额累进税率加大对高收入群体的调节力度，又要制定合理的税收优惠政策，引导社会财富通过公益慈善捐赠投向教育、医疗、扶贫等有助于公平分配的领域，实现综合社会效益最大化。

7.2.6 完善税收征管制度

长期以来，我国存在着税收征管乏力的问题，导致税收大量流失，特别是高收入群体税收流失严重，加大了居民收入分配差距。建立现代税收制度必然要求税收征管的现代化，只有完善税收征管制度，实现税收征管现代化，才能推动税收现代化的实现。

7.2.6.1 健全居民税源信息监管机制

税源信息管理是税收征管的核心和基础，应逐步健全针对居民的税源信息监管机制。一是完善以纳税识别号为信息归集点的个人财产信息全面联网登记。建立健全自然人纳税识别号制度，每个自然人出生后应规定一个与身份证号码一致的纳税识别号，扩大纳税识别号的使用范围，自然人凡是涉及在金融机构开立账户、办理社保、就业、签订合同、购买房产、储蓄及金融投资等事项均应使用纳税识别号，便于税务机关及时全面掌控自然人的所得、财产及纳税情况。二是完善规范自然人使用现金管理制度。严格限定现金的使用范围，限制大额现金交易，便于税务机关对自然人收支情况进行有效控管，防范税收流失。

7.2.6.2 完善税收征管体系

征税机关应严格按照现行税法要求，站在依法应收尽收、促进社会收入公平分配的高度上对待税收征管。一是建立税源监控网络。以计算机网络信息技术为依托，根据税源的分布特点建立税源监控网络和税收风险监控模型，制定数据采集规则、风险识别规则、风险等级排序规则和疑点核实规则等，加强对重点税源的监管。二是建立税收信用系统。将个人涉税信息纳入诚信档案，将税法遵从度低的个人纳入"黑名单"，与相关部门依法联合实施取消相关资质、限制融资授信、禁止高消费、阻止出境等惩戒措施，进一步提升纳税遵从度。三是构建综合治税平台。增强税务机关与各部门的联动性，实现税务部门与金融、工商、司法、房产、土地、交通等部门之间的信息共享，充分掌握纳税人的收入性质、来源和金额等信息，构建综合治税大平台。

7.2.6.3 加强人工智能技术在税收征管中的应用

当今社会是互联网与大数据的时代，"互联网+"背景下各种新技术、新产业、新业态、新模式层出不穷，迅速发展。传统的税收征管模式往往跟不上新经济发展的需要，无法及时获取相关涉税信息，造成了税收的大量流失。人工智能具有高效性、确定性、即时性的特点，有助于破解税收征管的难题，将人工智能应用于税收征管已经成为未来重要的发展趋势。人工智能在信息管理、发票管理、税务稽查、动态信用评分及税务咨询智能问答等方面都具有明显优势和发挥作用的空间。人工智能与税收征管相融合,有助于纳税人提高纳税申报和涉税事项决策效率,及时防范纳税风险,也有助于税务部门对税源的有效监管,规范征税行为,提高征收效率,防范税收流失。

结　　论

调节居民收入分配是我国建立现代税收制度的内在要求。本书先从国民收入分配层面分析了改革开放以来间接税参与及调节收入初次分配和直接税参与及调节收入再分配的演变过程。再根据一般均衡理论，运用CGE模型，模拟分析了现行税制下各单个税种、间接税整体、直接税整体、所有税种整体及营改增对居民收入分配的影响，测算了各自对居民收入分配的收入效应、消费效应和整体效应。经过研究发现：

（1）近二十年来，间接税收入增长速度显著高于居民初次分配收入增长速度，直接税收入增长速度远高于居民可支配收入增长速度，税收的高速增长挤占了居民收入增长的空间，特别是对中低收入居民造成更大的影响。

（2）我国增值税、消费税和其他间接税具有累退性，扩大了居民收入分配差距，营业税呈累进性，缩小了居民收入分配差距。间接税整体来说呈累退性，扩大了居民收入分配差距。

（3）我国企业所得税、个人所得税均呈累进性，缩小了居民收入分配差距。直接税整体呈累进性，有助于调节居民收入分配差距。

（4）我国现行税制整体上具有累进性，缩小了居民收入分配差距，但调节居民收入分配的效果不理想。

（5）营改增具有较弱的税收累进性，使居民收入分配稍有改善。

根据以上研究结果，本书分析了我国税收调节居民收入分配存在的问题及原因：一是随着经济增长及产业结构升级，分税制改革后税收征管力度的加强，税收收入增速加快，并挤占了居民收入增长空间；二是不合理的税制结构和税制设置放大了间接税的累退性，扩大了居民收入分配差距；三是不完善的直接税制限制了其调节居民收入分配的作用；四是财产税占比不足及税制不健全使其未能起到调节居民收入分配的作用；五是税收征管乏力造成了高收入群体税收流失，进一步扩大了居民收入分配差距。

本书认为，为了增强居民收入分配调节效应，未来税制改革的原则定位是更加注重体现公平与正义，有助于进一步缩小居民收入分配差距。税制改革的总体方向是优化税制结构，降低间接税的比重，弱化间接税的累退性；逐步提高直接税的比重，完善财产税制；降低来自企业的税收比重，提升来自居民个人的税收比重。具体措施为：完善增值税制度，进一步简化并降低税率；调整消费税征收范围，优化税率结构；尽快实施和完善综合与分类相结合的个人所得税制度；加快房地产税立法和实施进程；适时开征遗产税；完善税收征管制度。

税收对居民收入分配的调节是一个重要的理论和现实问题。限于数据与研究能力有限，本书仍存在不足之处，有待进一步完善和提高。

附 录

表1 各行业生产税净额分配汇总表

单位：万元

行业	增值税	消费税	营业税	其他生产税	生产补贴	生产税净额合计
1. 农林牧渔产品和服务	100 726.00	27.00	83 121.00	743 109.00	−29 883 551.77	−28 956 568.77
2. 煤炭采选产品	18 714 437.00	0.00	242 015.00	3 324 735.00	762 099.50	23 043 286.5
3. 石油和天然气开采产品	10 873 363.00	122 780.00	137 639.00	4 500 317.00	6 944 644.22	22 578 743.22
4. 金属矿采选产品	4 237 516.00	0.00	63 019.00	3 405 134.00	1 128 844.67	8 834 513.67
5. 非金属矿和其他矿采选产品	1 345 675.00	0.00	56 786.00	2 128 444.00	3 732 868.46	7 263 773.46
6. 食品和烟草	18 589 276.00	37 787 437.00	90 894.00	5 184 215.00	716 200.99	62 368 022.99
7. 纺织品	4 990 870.00	0.00	63 459.00	1 204 432.00	3 439 713.02	9 698 474.02
8. 纺织服装鞋帽皮革羽绒及其制品	7 186 864.00	0.00	67 722.00	1 195 523.00	−404 415.63	8 045 693.37

· 203 ·

续表

行业	增值税	消费税	营业税	其他生产税	生产补贴	生产税净额合计
9. 木材加工品和家具	2 073 226.00	14 925.00	27 461.00	513 060.00	5 531 875.00	8160547
10. 造纸印刷和文教体育用品	4 973 906.00	6 064.00	68 257.00	1 322 233.00	4 980 689.18	11 351 149.18
11. 石油、炼焦产品和核燃料加工品	9 392 264.00	28 008 774.00	48 840.00	6 642 116.00	-3 271 490.19	40 820 503.81
12. 化学产品	19 934 491.00	169 956.00	224 738.00	4 675 971.00	13 689 266.14	38 694 422.14
13. 非金属矿物制品	8 064 716.00	0.00	73 509.00	2 158 623.00	14 762 564.14	25 059 412.14
14. 金属冶炼和压延加工品	10 635 315.00	87.00	111 840.00	3 062 702.00	18 030 125.42	31 840 069.42
15. 金属制品	5 885 521.00	3.00	103 035.00	1 374 476.00	3 229 363.73	10 592 398.73
16. 通用设备	8 839 135.00	1.00	92 889.00	5 577 206.00	1 432 859.65	15 942 090.65
17. 专用设备	6 747 486.00	0.00	89 736.00	1 333 001.00	1 978 810.22	10 149 033.22
18. 交通运输设备	15 340 298.00	7 646 999.00	130 937.00	4 013 342.00	-4 384 019.59	22 747 556.41
19. 电气机械和器材	8 769 635.00	0.00	110 962.00	1 407 279.00	1 919 919.95	12 207 795.95

续表

行业	增值税	消费税	营业税	其他生产税	生产补贴	生产税净额合计
20. 通信设备、计算机和其他电子设备	9 154 956.00	40.00	297 710.00	2 034 737.00	107 701.62	11 595 144.62
21. 仪器仪表	1 212 105.00	435.00	18 467.00	182 096.00	89 665.18	1 502 768.18
22. 其他制造产品	1 206 868.03	679.43	29 443.67	20 952 988.22	-21 527 902.53	662 076.82
23. 废品废料	2 027 845.05	1 141.62	49 472.85	35 206 345.87	-36 706 216.30	578 589.09
24. 金属制品、机械和设备修理服务	452 866.92	254.95	11 048.48	7 862 429.91	-8 015 766.76	310 833.5
25. 电力、热力的生产和供应	19 160 629.00	0.00	266 842.00	3 072 165.00	-2 000 663.28	20 498 972.72
26. 燃气生产和供应	682 099.00	0.00	69 545.00	168 855.00	-220 026.22	700 472.78
27. 水的生产和供应	646 452.00	0.00	64 556.00	290 744.00	-126 928.37	874 823.63
28. 建筑	352 726.00	0.00	36 937 907.00	6 639 095.00	7 284 953.17	51 214 681.17
29. 批发和零售	56 350 746.00	5 406 104.00	2 098 065.00	55 136 279.00	44 085 883.37	163 077 077.4

续表

行业	增值税	消费税	营业税	其他生产税	生产补贴	生产税净额合计
30. 交通运输、仓储和邮政	1 011 565.00	0.00	10 197 648.00	3 116 346.00	-6 919 588.06	7 405 970.94
31. 住宿和餐饮	31 619.00	19.00	5 613 044.00	1 219 826.00	1 723 269.08	8 587 777.08
32. 信息传输、软件和信息技术服务	1 420 896.00	1.00	4 721 904.00	1 380 560.00	-2 447 718.99	5 075 642.01
33. 金融	120 890.00	18.00	28 702 343.00	9 953 460.00	537 305.11	39 314 016.11
34. 房地产	37 793.00	49.00	39 011 579.00	58 639 364.00	-42 823 450.03	54 865 334.97
35. 租赁和商务服务	1 744 858.00	9.00	10 513 720.00	5 870 870.00	-6 835 171.61	11 294 285.39
36. 科学研究和技术服务	997 868.00	0.00	3 196 210.00	2 536 876.00	-605 068.39	6 125 885.61
37. 水利、环境和公共设施管理	580 884.00	0.00	2 129 866.00	35 590 077.00	-37 970 748.79	330 078.21
38. 居民服务、修理和其他服务	839 760.00	0.00	8 650 927.00	6 016 798.00	-8 532 661.32	6 974 823.68

续表

行业	增值税	消费税	营业税	其他生产税	生产补贴	生产税净额合计
39. 教育	10 341.00	0.00	386 883.00	205 061.00	312 726.86	915 011.86
40. 卫生和社会工作	9 300.00	0.00	79 826.00	129 110.00	701 727.74	919 963.74
41. 文化、体育和娱乐	378 189.00	2.00	1 500 008.00	420 736.00	496 782.01	2 795 717.01
42. 公共管理、社会保障和社会组织	203 209.00	0.00	1 078 370.00	16 960 517.00	-18 240 707.06	1 388.94

资料来源：根据《2012年投资产出表》《2013年中国税务年鉴》相关数据整理。

表2 城镇居民支出分配表

	最低收入户（10%）	较低收入户（10%）	中等偏低户（20%）	中等收入户（20%）	中等偏上户（20%）	较高收入户（10%）	最高收入户（10%）
部门1	9 328 359.19	11 686 761.00	14 169 967.00	17 080 251.86	20 013 784.28	24 123 812.43	29 089 209.99
部门2	25 930.26	35 124.55	49 058.61	65 783.59	95 181.16	137 872.02	230 017.22
部门3	0.00	0.00	0.00	0.00	0.00	0.00	0.00
部门4	0.00	0.00	0.00	0.00	0.00	0.00	0.00
部门5	0.00	0.00	0.00	0.00	0.00	0.00	0.00
部门6	20 229 495.28	25 343 929.38	30 729 014.04	37 040 262.63	43 401 925.91	52 314 939.81	63 082 909.23
部门7	272 708.93	403 391.61	543 338.21	681 359.49	854 175.46	1 067 801.32	1 515 749.28
部门8	4 251 037.44	6 288 143.25	8 469 656.82	10 621 158.11	13 315 045.59	16 645 085.07	23 627 780.96
部门9	419 493.45	589 112.23	786 517.87	1 069 705.70	1 393 181.88	1 891 658.27	2 905 241.79
部门10	667 391.04	955 326.66	1 224 651.85	1 648 214.74	2 260 891.45	3 168 916.58	5 014 101.04
部门11	859 081.49	1 163 692.46	1 625 334.03	2 179 440.37	3 153 395.20	4 567 763.15	7 620 575.61
部门12	1 978 830.89	2 680 479.81	3 743 837.15	5 020 180.26	7 263 613.43	10 521 505.78	17 553 434.26
部门13	144 784.18	196 121.39	273 923.55	367 309.14	531 453.35	769 822.01	1 284 323.78

续表

	最低收入户 (10%)	较低收入户 (10%)	中等偏低户 (20%)	中等收入户 (20%)	中等偏上户 (20%)	较高收入户 (10%)	最高收入户 (10%)
部门14	0.00	0.00	0.00	0.00	0.00	0.00	0.00
部门15	163 616.13	221 630.74	309 552.56	415 084.73	600 579.03	869 952.10	1 451 374.69
部门16	46 945.36	63 591.13	88 817.99	119 097.67	172 320.40	249 609.93	416 433.89
部门17	48 446.06	65 623.94	91 657.23	122 904.87	177 828.96	257 589.21	429 746.02
部门18	2 828 672.59	3 972 423.52	5 303 543.03	7 213 097.66	9 394 319.30	12 755 579.26	19 590 241.21
部门19	1 065 838.31	1 443 760.60	2 016 506.35	2 703 970.56	3 912 328.99	5 667 095.66	9 454 634.45
部门20	862 325.38	1 365 204.28	1 992 590.58	2 951 400.62	4 235 054.26	6 156 865.58	11 402 412.47
部门21	57 433.11	77 797.61	108 660.23	145 704.51	210 817.38	305 373.67	509 466.68
部门22	68 612.79	92 941.34	129 811.55	174 066.71	251 854.16	364 816.34	608 637.20
部门23	0.00	0.00	0.00	0.00	0.00	0.00	0.00
部门24	0.00	0.00	0.00	0.00	0.00	0.00	0.00
部门25	895 550.81	1 213 092.98	1 694 331.95	2 271 960.95	3 287 261.66	4 761 671.69	7 944 080.70
部门26	529 324.41	717 010.94	1 001 452.13	1 342 865.62	1 942 969.43	2 814 434.47	4 695 429.68

续表

	最低收入户 (10%)	较低收入户 (10%)	中等偏低户 (20%)	中等收入户 (20%)	中等偏上户 (20%)	较高收入户 (10%)	最高收入户 (10%)
部门27	270 107.14	365 881.06	511 027.57	685 246.30	991 471.21	1 436 168.12	2 396 014.72
部门28	0.00	0.00	0.00	0.00	0.00	0.00	0.00
部门29	3 895 425.55	5 276 655.82	7 369 926.83	9 882 470.76	14 298 778.87	20 712 099.52	34 554 795.22
部门30	1 546 596.64	2 448 519.32	3 573 748.36	5 293 392.03	7 595 648.77	11 042 453.20	20 450 439.33
部门31	7 398 198.56	8 214 701.64	10 311 183.70	12 300 504.74	15 182 745.51	19 142 105.70	27 752 396.82
部门32	1 927 451.54	2 610 882.50	3 646 630.29	4 889 833.79	7 075 017.36	10 248 320.15	17 097 668.13
部门33	3 313 594.11	4 488 520.04	6 269 134.35	8 406 397.84	12 163 074.06	17 618 483.57	29 393 596.28
部门34	8 621 937.17	10 525 515.84	13 958 907.94	17 743 463.87	24 003 311.02	32 949 375.33	52 299 868.46
部门35	421 899.62	571 495.74	798 210.44	1 070 335.10	1 548 649.64	2 243 253.50	3 742 506.41
部门36	82 656.11	111 964.11	156 380.73	209 693.80	303 402.40	439 485.13	733 210.01
部门37	171 450.84	232 243.45	324 375.38	434 960.93	629 337.57	911 609.48	1 520 873.29
部门38	2 621 126.08	3 550 518.42	4 959 023.65	6 649 646.24	9 621 260.03	13 936 609.36	23 250 983.44
部门39	2 296 730.64	3 287 619.84	4 214 463.87	5 672 094.89	7 780 534.03	10 905 372.42	17 255 310.36

续表

	最低收入户 （10%）	较低收入户 （10%）	中等偏低户 （20%）	中等收入户 （20%）	中等偏上户 （20%）	较高收入户 （10%）	最高收入户 （10%）
部门40	5 807 230.17	7 091 359.54	8 821 359.81	11 607 894.08	13 227 009.12	16 733 820.80	20 663 733.28
部门41	1 088 339.22	1 557 886.47	1 997 085.00	2 687 804.65	3 686 919.19	5 167 669.31	8 176 679.76
部门42	88 825.34	136 776.27	191 545.62	273 531.89	413 105.73	603 598.39	1 097 209.01

注：本表部门1～部门42对应表1中的行业。

资料来源：根据《2014年中国住户调查年鉴》相关数据整理。

· 211 ·

表3 农村居民支出分配表

	低收入户（20%）	中等偏低户（20%）	中等收入户（20%）	中等偏上户（20%）	高收入户（20%）
部门1	10 837 604.31	12 726 476.41	14 697 618.78	17 876 060.78	24 230 938.19
部门2	157 052.25	120 139.96	146 855.37	184 597.56	384 320.86
部门3	0.00	0.00	0.00	0.00	0.00
部门4	0.00	0.00	0.00	0.00	0.00
部门5	0.00	0.00	0.00	0.00	0.00
部门6	14 033 397.41	16 479 260.16	19 031 653.06	23 147 354.14	31 376 157.99
部门7	372 740.46	435 595.93	542 828.86	705 950.14	1 087 172.31
部门8	2 280 270.86	2 664 794.38	3 320 800.79	4 318 708.84	6 650 867.20
部门9	278 567.48	352 936.81	450 308.43	573 928.04	872 675.43
部门10	349 119.30	446 181.14	586 617.49	808 494.78	1 393 595.68
部门11	318 302.39	243 491.16	297 636.06	374 129.26	778 914.30
部门12	1 714 673.69	1 311 670.62	1 603 345.57	2 015 409.32	4 195 959.29

续表

	低收入户（20%）	中等偏低户（20%）	中等收入户（20%）	中等偏上户（20%）	高收入户（20%）
部门13	236 212.05	180 694.67	220 875.58	277 641.14	578 031.93
部门14	0.00	0.00	0.00	0.00	0.00
部门15	138 681.86	106 087.19	129 677.70	163 005.19	339 366.86
部门16	73 580.54	58 939.52	80 133.17	92 112.19	182 347.33
部门17	19 525.11	15 640.01	21 263.89	24 442.61	48 387.13
部门18	966 658.83	1 224 728.33	1 562 618.20	1 991 591.42	3 028 276.69
部门19	1 280 765.63	1 025 919.41	1 394 822.68	1 603 333.23	3 173 993.87
部门20	828 488.93	948 979.69	1 257 564.80	1 684 341.23	3 262 448.23
部门21	83 605.31	66 969.56	91 050.68	104 661.74	207 190.70
部门22	116 293.06	88 960.47	108 742.53	136 689.63	284 579.47
部门23	0.00	0.00	0.00	0.00	0.00
部门24	0.00	0.00	0.00	0.00	0.00

续表

	低收入户（20%）	中等偏低户（20%）	中等收入户（20%）	中等偏上户（20%）	高收入户（20%）
部门25	1 020 830.07	780 902.41	954 550.93	1 199 872.87	2 498 062.14
部门26	112 100.69	85 753.45	104 822.37	131 761.97	274 320.39
部门27	120 216.53	91 961.81	112 411.27	141 301.24	294 180.56
部门28	0.00	0.00	0.00	0.00	0.00
部门29	4 633 386.43	3 544 392.65	4 332 555.89	5 446 033.40	11 338 309.42
部门30	1 287 165.53	1 474 363.62	1 953 790.81	2 616 843.60	5 068 638.50
部门31	1 884 719.21	2 291 099.78	2 928 008.97	3 963 910.00	5 771 490.78
部门32	1 815 535.35	1 388 826.56	1 697 658.61	2 133 961.05	4 442 776.76
部门33	2 250 921.95	1 721 883.41	2 104 776.99	2 645 709.85	5 508 206.56
部门34	6 505 764.74	5 916 477.40	7 373 126.13	9 581 604.66	17 203 037.13
部门35	38 783.16	65 319.00	77 566.31	80 628.14	284 750.02
部门36	49 116.79	37 572.78	45 927.80	57 731.36	120 193.16

续表

	低收入户（20%）	中等偏低户（20%）	中等收入户（20%）	中等偏上户（20%）	高收入户（20%）
部门37	112 252.15	85 869.31	104 963.98	131 939.98	274 691.00
部门38	2 042 382.07	1 562 357.06	1 909 776.92	2 400 594.28	4 997 890.89
部门39	1 482 136.48	1 894 198.75	2 490 401.35	3 432 349.94	5 916 312.81
部门40	3 295 994.40	3 902 052.14	4 435 240.78	5 293 674.47	6 550 222.35
部门41	355 795.69	454 713.69	597 835.67	823 956.04	1 420 246.11
部门42	37 697.12	48 759.38	62 622.80	83 750.28	137 067.51

注：本表部门1～部门42对应表1中的行业。
资料来源：根据《2014年中国住户调查年鉴》相关数据整理。

参考文献

[1] 阿瑟·刘易斯. 发展计划: 经济政策的本质. 北京: 北京经济学院出版社, 1989.

[2] 安体富, 任强. 税收在收入分配中的功能与机制研究. 税务研究 2007 (10): 22-27.

[3] 白景明. 经济增长、产业结构调整与税收增长. 财经问题研究, 2015 (8): 56-61.

[4] 蔡萌, 岳希明. 我国居民收入不平等的主要原因: 市场还是政府政策?. 社会科学文摘, 2016 (6): 56-56.

[5] 曹广忠, 袁飞, 陶然. 土地财政、产业结构演变与税收超常规增长——中国"税收增长之谜"的一个分析视角. 中国工业经济, 2007 (12): 13-21.

[6] 陈少英. 论走向"税收国家"的中国遗产税之建制基础. 政法论丛, 2015 (1): 18-26.

[7] 陈钊, 万广华, 陆铭. 行业间不平等: 日益重要的城镇收入差距成因——基于回归方程的分解. 中国社会科学, 2010 (3): 65-76.

[8] 樊丽明, 李昕凝. 世界各国税制结构变化趋向及思考. 税务研究, 2015 (1): 39-47.

[9] 樊丽明, 张斌. 经济增长与税收收入的关联分析. 税务研究, 2000 (2): 3-10.

[10] 樊明太, 郑玉歆. 中国CGE模型: 基本结构及有关应用问题. 数量经济技术经济研究, 1998 (12): 39-47.

[11] 范金, 杨中卫, 赵彤. 中国宏观社会核算矩阵的编制. 世

界经济文汇, 2010 (4): 103-119.

[12] 冯珊. 我国经济系统的可计算一般均衡模型 C—CGE. 系统工程理论与实践, 1989, 9 (4): 32-39.

[13] 高培勇. 打造调节贫富差距的税制体系. 经济, 2006 (11).

[14] 高培勇. 论完善税收制度的新阶段. 经济研究, 2015 (2): 4-15.

[15] 高培勇. 以税收改革奠基收入分配制度改革. 经济研究, 2013 (3): 8-9.

[16] 高培勇. 中国税收持续高速增长之谜. 经济研究, 2006 (12): 13-23.

[17] 葛玉御, 田志伟, 胡怡建. "营改增"的收入分配效应研究——基于收入和消费的双重视角. 当代财经, 2015 (4): 23-33.

[18] 龚刚, 杨光. 从功能性收入看中国收入分配的不平等. 中国社会科学, 2010 (2): 54-68.

[19] 郭庆旺, 吕冰洋. 论税收对要素收入分配的影响. 经济研究, 2011 (6): 16-30.

[20] 郭庆旺, 吕冰洋. 论要素收入分配对居民收入分配的影响. 中国社会科学, 2012 (12): 46-63.

[21] 郭庆旺. 税收对国民收入分配调控作用研究. 北京: 经济科学出版社, 2014: 17.

[22] 韩军, 刘润娟, 张俊森. 对外开放对中国收入分配的影响——"南方谈话"和"入世"后效果的实证检验. 中国社会科学, 2015 (2): 24-40.

[23] 何石军, 黄桂田. 中国社会的代际收入流动性趋势: 2000-2009. 金融研究, 2013 (2): 19-32.

[24] 洪银兴. 兼顾公平与效率的收入分配制度改革40年. 经济学动态, 2018, 686 (4): 21-29.

[25] 胡洪曙, 王宝顺. 我国税制结构优化研究——基于间接税与直接税选择的视角. 税务研究, 2017 (8): 14-20.

[26] 胡怡建,朱大玮. 从国家治理视角看我国房地产税改革. 税务研究,2015(12):3-7.

[27] 贾康. 我国收入分配格局和企业负担问题辨析. 经济学动态,2018(3):27-34.

[28] 蒋震,安体富,杨金亮. 从经济增长阶段性看收入分配和税收调控的关系. 税务研究,2016(4):14-19.

[29] 金成武. 离散分布收入数据基尼系数的矩阵向量形式及相关问题. 经济研究,2007(4):149-159.

[30] 金人庆. 中国当代税收要论. 北京:人民出版社,2002.

[31] 靳涛,邵红伟. 最优收入分配制度探析——收入分配对经济增长倒"U"形影响的启示. 数量经济技术经济研究,2016(5):44-64.

[32] 李绍荣,耿莹. 中国的税收结构、经济增长与收入分配. 经济研究,2005(5):118-126.

[33] 李实,罗楚亮. 中国收入差距究竟有多大?——对修正样本结构偏差的尝试. 经济研究,2011(4):68-79.

[34] 李实,史泰丽,佐藤宏等. 中国收入分配格局的最新变化——中国居民收入分配研究V. 北京:中国财政经济出版社,2017.

[35] 李实,赵人伟. 中国居民收入分配再研究. 北京:中国财政经济出版社,1999.

[36] 李实,佐藤宏,史泰丽. 中国居民收入分配研究:中国收入差距变动分析Ⅳ. 北京:人民出版社,2013.

[37] 李实. 当前中国的收入分配状况. 学术界,2018(3):5-20.

[38] 李实. 对基尼系数估算与分解的进一步说明——对陈宗胜教授评论的再答复. 经济研究,2002(5):84-87.

[39] 李实. 中国收入分配制度改革四十年. China Economist,2018(4):4-35.

[40] 李伟,王少国. 中国各省份个税潜力估算及影响因素分

析——综合累进个税改革的经验证据. 当代经济科学, 2015（1）: 25-31.

[41] 李晓任, 李实. 我国农村地区收入不平等状况的新变化及其原因. 中共中央党校学报, 2017（5）: 48-54.

[42] 李昕凝, 田志伟. 提高直接税比重对公平与效率的影响: 基于CGE模型的测算分析. 东岳论丛, 2014, 35（12）: 103-109.

[43] 刘丽坚, 姚元. 论税收对个人收入分配的调节. 税务研究, 2008（9）: 24-28.

[44] 刘丽坚. 论我国个人所得税的职能及下一步改革设想. 税务研究, 2006（8）: 49-55.

[45] 刘小川, 汪冲. 个人所得税公平功能的实证分析. 税务研究, 2008（1）: 42-46.

[46] 刘扬, 冉美丽, 王忠丽. 个人所得税、居民收入分配与公平——基于中美个人所得税实证比较. 经济学动态, 2014（1）: 9-17.

[47] 刘怡, 聂海峰. 间接税负担对收入分配的影响分析. 经济研究, 2004（5）: 22-30.

[48] 刘佐. 艰苦的历程 辉煌的成就——改革开放30年来中国税制改革的简要回顾. 税务研究, 2008（9）: 8-10.

[49] 陆铭, 陈钊, 万广华. 因患寡, 而患不均——中国的收入差距、投资、教育和增长的相互影响. 经济研究, 2005（12）: 4-14.

[50] 吕冰洋, 郭庆旺. 中国税收高速增长的源泉: 税收能力和税收努力框架下的解释. 中国社会科学, 2011（2）: 76-90.

[51] 吕冰洋, 禹奎. 我国税收负担的走势与国民收入分配格局的变动. 财贸经济, 2009（3）: 72-77.

[52] 吕冰洋. 税制结构理论的重构: 从国民收入循环出发. 税务研究, 2017（8）: 7-15.

[53] 罗楚亮. 遗漏的高端人群与收入（财富）不平等. 经济资料译丛, 2017（4）: 1-5.

[54] 马国强,王椿元. 收入再分配与税收调节. 税务研究,2002 (2): 7-11.

[55] 马国强. 论财产课税的税种设置. 税务研究,2018 (9): 29-39.

[56] 莫亚琳,张志超. 城市化进程、公共财政支出与社会收入分配——基于城乡二元结构模型与面板数据计量的分析. 数量经济技术经济研究,2011 (3): 79-89.

[57] 倪红福,龚六堂,王茜萌."营改增"的价格效应和收入分配效应. 中国工业经济,2016 (12): 25-41.

[58] 聂海峰,刘怡. 城镇居民的间接税负担:基于投入产出表的估算. 经济研究,2010 (7): 31-42.

[59] 聂海峰,岳希明. 间接税归宿对城乡居民收入分配影响研究. 经济学(季刊),2012,12 (1): 287-312.

[60] 聂海峰,岳希明. 行业垄断对收入不平等影响程度的估计. 中国工业经济,2016 (2): 5-20.

[61] 平新乔,梁爽,郝朝艳等. 增值税与营业税的福利效应研究. 经济研究,2009 (9): 66-80.

[62] 石柱鲜,张晓芳,黄红梅. 间接税对我国行业产出和居民收入的影响——基于CGE模型的分析. 吉林大学社会科学学报,2011 (2): 120-128.

[63] 孙正. 税收增长之谜:基于产业结构升级演进的视角. 财经论丛,2017 (7): 39-48.

[64] 田志伟,胡怡建."营改增"对财政经济的动态影响:基于CGE模型的分析. 财经研究,2014,40 (2): 4-18.

[65] 田志伟,胡怡建."营改增"对各行业税负影响的动态分析——基于CGE模型的分析. 财经论丛,2013 (4): 29-34.

[66] 田志伟. 企业所得税税负归宿与收入分配. 财经论丛,2018 (7): 29-38.

[67] 田志伟. 中国五大税种的收入再分配效应研究. 现代财经(天津财经大学学报),2015 (8): 33-43.

[68] 汪昊，娄峰．中国财政再分配效应测算．经济研究，2017（1）：105-120．

[69] 汪昊，娄峰．中国间接税归宿：作用机制与税负测算．世界经济，2017，40（9）：123-146．

[70] 汪昊．"营改增"减税的收入分配效应．财政研究，2016（10）：85-100．

[71] 王少平，欧阳志刚．中国城乡收入差距对实际经济增长的阈值效应．中国社会科学，2008（2）：54-67．

[72] 王韬，周建军，陈平路．面向三次产业的中国税收CGE模型．税务研究，2000（12）：64-70．

[73] 王韬，朱跃序，鲁元平．工薪所得免征额还应继续提高吗？——来自中国个税微观CGE模型的验证．管理评论，2015，27（7）：76-86．

[74] 王小鲁．灰色收入与国民收入分配2013年报告．比较，2013（5）：1-29．

[75] 王小鲁．我国国民收入分配现状、问题及对策．国家行政学院学报，2010（3）：23-27．

[76] 王亚芬，肖晓飞，高铁梅．我国收入分配差距及个人所得税调节作用的实证分析．财贸经济，2007（4）：18-23．

[77] 王燕，徐滇庆．中国养老金隐性债务、转轨成本、改革方式及其影响：可计算一般均衡分析．经济研究，2001（5）：3-12．

[78] 伍山林．收入分配格局演变的微观基础——兼论中国税收持续超速增长．经济研究，2014（4）：143-156．

[79] 夏庆杰，李实，宋丽娜．国有单位工资结构及其就业规模变化的收入分配效应：1988—2007．经济研究，2012（6）：127-142．

[80] 咸春龙．中国个人所得税流失及其成因研究．中国经济出版社，2012．

[81] 肖红叶，郝枫．中国收入初次分配结构及其国际比较．财贸经济，2009（2）：13-21．

[82] 谢旭人. 税收增长为何高于 GDP 增长. 中国经济周刊, 2006 (4): 13.

[83] 谢宇, 张晓波等. 中国民生发展报告 2014. 北京: 北京大学出版社, 2014: 29-32.

[84] 徐滇庆. 价格偏差评估体系与中国价格改革. 价格理论与实践, 1988 (10): 26-31.

[85] 徐建炜, 马光荣, 李实. 个人所得税改善中国收入分配了吗?. 中国社会科学, 2013 (6): 53-72.

[86] 徐静, 蔡萌, 岳希明. 政府补贴的收入再分配效应. 中国社会科学, 2018 (10): 39-59.

[87] 徐静, 岳希明. 税收不公正如何影响收入分配效应. 经济学动态, 2014 (6): 60-68.

[88] 杨灿明, 孙群力. 中国的隐性经济规模与收入不平等. 管理世界, 2010 (7): 1-7.

[89] 杨元伟, 焦瑞进. 税收政策分析模型——一般均衡理论在税收政策数量分析中的应用. 税务研究, 2000 (5): 14-23.

[90] 原鹏飞, 冯蕾. 经济增长、收入分配与贫富分化——基于 DCGE 模型的房地产价格上涨效应研究. 经济研究, 2014 (9): 77-90.

[91] 岳希明, 张斌, 徐静. 中国税制的收入分配效应测度. 中国社会科学, 2014 (6): 96-118.

[92] 翟凡, 李善同, 王直. 关税减让、国内税替代及其收入分配效应. 经济研究, 1996 (12): 41-50.

[93] 张守文等. 公平分配的财税法促进与保障. 北京: 北京大学出版社, 2017: 167.

[94] 张顺明, 王彦一, 王晖. 房产税政策模拟分析——基于 CGE 视角. 管理科学学报, 2018 (8): 1-20.

[95] 张欣. 可计算一般均衡模型的基本原理与编程(第二版). 格致出版社, 2017.

[96] 张欣. 可计算一般均衡模型的基本原理与编程. 格致出版

社，2010.

［97］赵志君. 分配不平等与再分配的最优税率结构. 经济学动态，2016（10）：15-24.

［98］Adam A, Kammas P, Lapatinas A. Income inequality and the tax structure: Evidence from developed and developing countries ［J］. Journal of Comparative Economics, 2015, 43（1）：138-154.

［99］Agenor P R, El Aynaoui K. Labor Market Policies and Unemployment in Morocco: A Quantitative Analysis ［R］. World Bank Policy Research Working Paper, 2003.

［100］Aizenman J, Jinjarak Y. Income Inequality, Tax Base and Sovereign Spreads ［J］. Finanzarchiv Public Finance Analysis, 2012, 68（4）：1-13.

［101］Alesina A F, Rodrik D. Distributive Politics and Economic Growth ［J］. CEPR Discussion Papers, 1991, 109（2）：465-490.

［102］Altig D, Auerbach A J, Kotlikoff L J, et al. Simulating Fundamental Tax Reform in the United States ［J］. American Economic Review, 2001, 91（3）：574-595.

［103］Amir H, Asafu-Adjaye J, Ducpham T. The impact of the Indonesian income tax reform: A CGE analysis ［J］. Economic Modelling, 2013, 31（1）：492-501.

［104］Aronson J R, Lambert P J. Decomposing the Gini Coefficient to Reveal the Vertical, Horizontal, and Reranking Effects of Income Taxation ［J］. National Tax Journal, 1994, 47（2）：273-294.

［105］Arrow K J, Debreu G. Existence of an Equilibrium for a Competitive Economy ［J］. Econometrica, 1954, 22（3）：265-290.

［106］Atkinson A B, Stiglitz J E. The design of tax structure: Direct versus indirect taxation ［J］. Journal of Public Economics, 1976, 6（1-2）：0-75.

［107］Atrostic B K, Nunns J R. Measuring Tax Burden: A Historical Perspective ［J］. NBER Chapters, 2009, 132（4）：343-419.

[108] Auerbach, A., and Kotlikoff, L. Dynamic Fiscal Policy [M]. Cambridge: Cambridge University Press, 1987.

[109] Ballard, CharlesL., John. Shoven, and John. Whalley. General Equilibrium Computations of the Marginal Welfare Costs of Taxes in the United States [J]. The American Economic Review, 1985, 75 (1): 128 – 138.

[110] Ballard C, Scholz J K, Shoven J B. The Value-added Tax: A General Equilibrium Look at Its Efficiency and Incidence [J]. Nber Chapters, 1987 (1): 445 – 480.

[111] Ballard C L, Fullerton D, Shoven J B, et al. General Equilibrium Analysis of Tax Policies [J]. Nber Chapters, 1985, 46 (1): 111 – 134.

[112] Ballard C L. Tax policy and consumer foresight: a general equilibrium simulation study [J]. Economic Inquiry, 2010, 25 (3): 267 – 284.

[113] Barro R J. Inequality and Growth in a Panel of Countries [J]. Journal of Economic Growth, 2000, 5 (1): 5 – 32.

[114] Benjamin D, Brandt L, Giles J. Inequality and Growth in Rural China: Does Higher Inequality Impede Growth? [C]. Working Paper, University of Toronto, 2006.

[115] Bird R M, Zolt E M. The limited role of the personal income tax in developing countries [J]. Journal of Asian Economics, 2005, 16 (6): 928 – 946.

[116] Bloomquist K M. Tax evasion, income inequality and opportunity costs of compliance [J]. Proceedings. Annual Conference on Taxation and Minutes of the Annual Meeting of the National Tax Association, 2003, 96: 91 – 104.

[117] Borge L E, Rattsø J. Income distribution and tax structure: Empirical test of the Meltzer – Richard hypothesis [J]. European Economic Review, 2004, 48 (4): 805 – 826.

[118] Bourguignon, F. The impact of economic policies on poverty and income distribution. Evaluation techniques and tools [M]. A copublication of the World Bank and Oxford University Press. 2003.

[119] Bovenberg A L. Capital Accumulation and Capital Immobility: Q – Theory in a Dynamic General Equilibrium Framework [C]. National Tax Association – Tax Institute of America, 1985: 104 – 111.

[120] Bye B, Åvitsland T. The welfare effects of housing taxation in a distorted economy: a general equilibrium analysis [J]. Economic Modelling, 2003, 20 (5): 895 – 921.

[121] Cerqueti R, Coppier R. Corruption, evasion and environmental policy: a game theory approach [J]. IMA Journal of Management Mathematics, 2014 (2): 235 – 253.

[122] Chitiga M, Kandiero T, Mabugu R. Computable General Equilibrium Micro – Simulation Analysis of the Impact of Trade Policies on Poverty in Zimbabwe [J]. Working Papers, 2007, 21 (1): 459 – 469.

[123] Davoodi H R, Grigorian D. Tax Potential vs. Tax Effort: A Cross – Country Analysis of Armenia's Stubbornly Low Tax Collection [J]. Imf Working Papers, 2007, 07.

[124] Franko W, Tolbert C J, Witko C. Inequality, Self – Interest, and Public Support for "Robin Hood" Tax Policies [J]. Political Research Quarterly, 2013, 66 (4): 923 – 937.

[125] Freebairn J. Opportunities and Challenges for CGE Models in Analysing Taxation [J]. Economic Papers A Journal of Applied Economics & Policy, 2018, 37 (3): 17 – 29.

[126] Grinberg I. Implementing a Progressive Consumption Tax: Advantages of Adopting the VAT Credit – Method System [J]. National Tax Journal, 2006, 59 (4): 929 – 954.

[127] Harberger, A. The Incidence of the Corporate Income Tax [J]. Journal of Political Economy, 1962 (70): 215 – 240.

[128] Iyer G S, Reckers P M J. Decomposition of progressivity and

inequality indices: Inferences from the US federal income tax system [J]. Journal of Accounting & Public Policy, 2012, 31 (3): 258 – 276.

[129] Kakwani N C. Measurement of Tax Progressivity: An International Comparison [J]. Economic Journal, 1977, 87 (345): 71 – 80.

[130] Kakwani N C. On the Measurement of Tax Progressivity and Redistribution Effect of Taxes with Applications to Horizontal and Vertical Equity [J]. Advances in Econometrics, 1984 (3): 149 – 168.

[131] Kanbur R, Wang Y, Zhang X. The great Chinese inequality turnaround [J]. Social Science Electronic Publishing, 2017 (6): 1 – 37.

[132] Keller W. J. Tax incidence: A General Equilibrium Approach [M]. North – Holland Publishing Company, 1980.

[133] Khetan C P, Poddar S N. Measurement of Income Tax Progression in a Growing Economy: The Canadian Experience [J]. Canadian Journal of Economics, 1976, 9 (4): 613 – 629.

[134] Kim J. The Effect of the Top Marginal Tax Rate on Top Income Inequality [R]. KAIST Working Paper, 2013.

[135] Kinam Kim, Peter J. Lambert. Redistributive Effect of U. S. Taxes and Public Transfers, 1994 – 2004 [J]. Public Financial Review 2009, 37 (1): 3 – 26.

[136] Klenert D, Mattauch L. How to make a carbon tax reform progressive: The role of subsistence consumption [J]. Economics Letters, 2016, 138: 100 – 103.

[137] Li W, Sarte P D. Progressive Taxation and Long – Run Growth [J]. American Economic Review, 2004, 94 (5): 1705 – 1716.

[138] Mardones C. Evaluating Tax Reforms in Chile with a CGE Model [J]. Estudios De Economia, 2011, 37 (2): 243 – 284.

[139] Mclure C E. Tax Incidence, Macroeconomic Policy, and Absolute Prices [J]. Quarterly Journal of Economics, 1970, 84 (2): 254 – 267.

[140] Mookherjee, D. , and A. Shorrocks. A Decomposition Analy-

sis of the Trend in UK Income Inequality [J]. The Economic Journal, 1982, 92 (368): 886 - 902.

[141] Murphy K M, Shleifer A, Vishny R W. Industrialization and the Big Push [J]. Journal of Political Economy, 1989, 97 (5): 1003 - 1026.

[142] Musgrave R A, Thin T. Income Tax Progression, 1929 - 1948 [J]. Journal of Political Economy, 1948, 56 (6): 498 - 514.

[143] Musgrave R A. The Theory of Public Finance [J]. Southern Economic Journal, 1960, 26 (3): 234 - 238.

[144] Neckerman K M, Torche F. Inequality: Causes and Consequences [J]. Annual Review of Sociology, 2007, 33 (33): 335 - 357.

[145] Okner B A, Pechman J A. Who Paid the Taxes in 1966? [J]. American Economic Review, 1974, 64 (2): 168 - 174.

[146] Pechman J A, Okner B A. Who bears the tax burden? Studies of Government Finance Series [J]. Journal of Finance, 1974, 30 (4): 35 - 67.

[147] Pechman J A. Distribution of federal and state income taxes by income classes [J]. Journal of Finance, 2012, 27 (2): 179 - 191.

[148] Pereira, A. Corporate Tax Integration in the United States: A Dynamic General Equilibrium Analysis [R]. University of California, San Diego, Working Paper, 1988: 8 - 18.

[149] Perotti R. Growth, Income Distribution, and Democracy: What the Data Say [J]. Journal of Economic Growth, 1996, 1 (2): 149 - 187.

[150] Persson T, Tabellini G. Is Inequality Harmful for Growth? [J]. American Economic Review, 1994, 84 (3): 600 - 621.

[151] Pfingsten A. The Measurement of Tax Progression [M]. Studies in Contemporary Economics, 1986.

[152] Pigou. A. C. Public Finance [M]. London, Macmillan Publishers, 1928.

[153] Piketty T. Capital in the Twenty – First Century [M]. The Belknap Press of Harvard University Press, 2014.

[154] Radulescu D, Stimmelmayr M. The impact of the 2008 German corporate tax reform: A dynamic CGE analysis [J]. Economic Modelling, 2010, 27 (1): 454 –467.

[155] Rausch S, Metcalf G E, Reilly J M. Distributional impacts of carbon pricing: A general equilibrium approach with micro-data for households [J]. Energy Economics, 2011, 33 (6): S20 –S33.

[156] Rixen T. Tax Competition and Inequality – The Case for Global Tax Governance [J]. Social Science Electronic Publishing, 2009, 17 (4): 447 –467.

[157] Scarf, Herbert. The Approximation of Fixed Points of a Continuous Mapping [J]. SIAM Journal on Applied Mathematics, 1967, 15 (5): 1328 –1343.

[158] Shoven J B, Whalley J. A general equilibrium calculation of the effects of differential taxation of income from capital in the U. S. [J]. Journal of Public Economics, 1972, 1 (3): 281 –321.

[159] Stroup M D. An index for measuring tax progressivity [J]. Economics Letters, 2005, 86 (2): 205 –213.

[160] Suits D B. Measurement of Tax Progressivity [J]. American Economic Review, 1977, 70 (67): 747 –752.

[161] Wagstaff A, Doorslaer E V, Burg H V D, et al. Redistributive effect, progressivity and differential tax treatment: Personal income taxes in twelve OECD countries [J]. Journal of Public Economics, 1999, 72 (1): 73 –98.

[162] Whalley J. A General Equilibrium Assessment of the 1973 United Kingdom Tax Reform [J]. Economica, 1975, 42 (166): 139 –161.